mdv

Studien zur Landesgeschichte
herausgegeben von Werner Freitag, Klaus Erich Pollmann, Matthias Puhle

Band 16

Matthias Puhle

Magdeburg im Mittelalter

Der Weg von der Pfalz Ottos des Großen
bis zur Hansestadt um 1500

Mitteldeutscher Verlag
Halle (Saale) 2005

Bibliographische Information der Deutschen Bibliothek

Die Deutsche Bibliothek registriert diese Publikation in der Deutschen Nationalbibliographie; detaillierte bibliographische Daten im Internet unter: http://dnb.ddb.de.

ISBN 3-89812-280-8

Printed in the EU

Inhalt

Vorwort

Magdeburgs Geschichte ist lang und bedeutend. Besonders im Mittelalter erreichte diese Geschichte nicht selten europäische Dimensionen. Die Lage an der Elbe und an einer alten Ost-West-Handelsstraße, die Pläne Ottos des Großen, aus Magdeburg ein „neues Rom", ein „Konstantinopel des Nordens" zu machen, was die konsequente Förderung des ehemaligen karolingischen Grenzkastells „magadoburg" zur Folge hatte, schufen die Voraussetzungen. So wurde in Magdeburg am Anfang der Herrschaft Ottos des Großen ein Reichskloster gegründet (937) und am Ende ein Erzbistum (968).
Neben dem geistlichen Zentrum, zu dem Magdeburg in dieser Zeit aufstieg, etablierte sich seit ottonischer Zeit eine aus Handwerkern und Kaufleuten bestehende Gemeinde, die bis ins 13. Jahrhundert politisch und ökonomisch so weit erstarkte, dass sich ein Rat herausbildete, der von nun an die Geschicke der Stadt lenkte. Daraus entwickelte sich analog zu vergleichbaren Städten ein Dualismus zwischen dem Erzbischof in seiner Eigenschaft als Landes- und Stadtherr und der Stadt Magdeburg. Mehrere schwere Konflikte hatte dies im weiteren Verlauf des späten Mittelalters zur Folge. Am Ende des 15. Jahrhunderts verlegte der Erzbischof seine Residenz von Magdeburg in das von ihn unterworfene Halle, womit dieser grundlegende Konflikt zumindest vordergründig beendet wurde. Damit war die Entwicklung Magdeburgs zur „Autonomie-Stadt" vollzogen. Diese Entwicklung wird in den Kapiteln I bis VI dargestellt.

Im letzten Kapitel dieses Buches werden dann die vier wesentlichen Identitäten Magdeburgs im europäischen Mittelalter prägnant zusammengefasst: Die ottonische Kaiserstadt und erzbischöfliche Metropole, die Stadt des Magdeburger Rechts, die Kunstmetropole und die Hansestadt.

Das Ziel dieser Darstellung soll es sein, die Kenntnis über die Geschichte Magdeburgs im Mittelalter zu vertiefen und die Aufmerksamkeit auf die von dieser Geschichte ausgehenden europäischen Wirkungen zu lenken.

Ich bin meinen Kollegen Dr. Claus-Peter Hasse und Dr. Karlheinz Kärgling für viele Hinweise und die kritische Durchsicht des Manuskripts sehr dankbar. Ebenso bin ich Jeannette Lieberwirth für die Gestaltung des Buchumschlags, Jutta Rödling für die Hilfe bei der Auswahl und Beschaffung der

Abbildungen sowie Carola Lipaczewski für die Erstellung der Register zu Dank verpflichtet.
Den Mitherausgebern der „Studien zur Landesgeschichte" Prof. Dr. Klaus-Erich Pollmann und Prof. Dr. Werner Freitag danke ich ebenfalls für wichtige Hinweise und die Aufnahme des Manuskriptes in die Reihe.

Prof. Dr. Matthias Puhle
Magdeburg im Juni 2005

I. Magdeburg – Pfalz Ottos des Großen im 10. Jahrhundert

„Die eigentliche Geschichte Magdeburgs beginnt mit Otto dem Großen …“[1] Dieses Urteil herrscht in der Forschung vor und ist wohl auch berechtigt. Am 21. September 937 tritt das nach seiner Ersterwähnung 805/6 in der Versenkung verschwundene Magdeburg mit der Gründung des Moritzklosters in das helle Licht der Geschichte, das von nun an nicht mehr – zumindest nicht mehr ganz – ausgehen sollte.[2] Die Herrschaftszeit Ottos des Großen (936–973) sollte für Magdeburg nicht nur den endgültigen Eintritt in die Geschichte, sondern den Aufstieg zu einer der Metropolen des Abendlandes bringen. „Zwar kannte das mittelalterliche Reisekönigtum noch keine feste Residenz, das Reich keine Hauptstadt, doch ist Magdeburg in spätottonischer Zeit, nachdem es zum erzbischöflichen Sitz aufgestiegen war, als ‚neue Metropole der Deutschen‘ gerühmt worden.“[3]

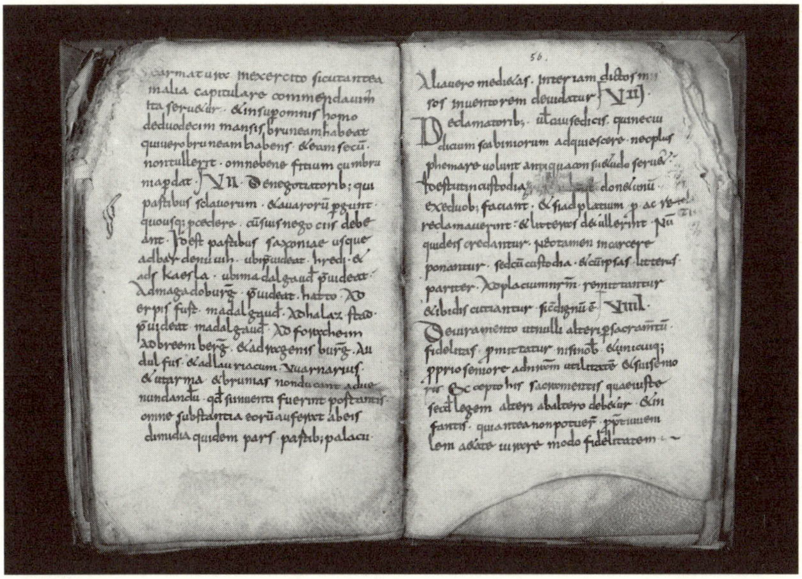

Diedenhofener Kapitular Karls des Großen mit Ersterwähnung von „magadoburg“

Aber ganz so überraschend kam der Aufstieg Magdeburgs nicht. Schon in der Zeit Heinrichs I. (919–936) muss Magdeburgs Bedeutung gewachsen sein. Die aktive Politik des Königs an der Ostgrenze des Reichs, die sich in einer Reihe von Feldzügen gegen die Slawen und Ungarn sowie in der Burgenbaupolitik[4] äußerte, muss bewirkt haben, dass die politische Bedeutung Ostsachsens in dieser Zeit erheblich zunahm.[5] D. Claude geht davon aus, dass der Slawenfeldzug von 928/929 auch von Magdeburg aus oder über Magdeburg durchgeführt wurde, wofür einerseits der Elbübergang bei Magdeburg, andererseits auch das reiche Königsgut um den Ort herum spricht.[6] Auch wenn das Itinerar (Straßen- und Stationenverzeichnis) Heinrichs I. keinen Aufenthalt des Königs in Magdeburg verzeichnet, kann man Besuche Heinrichs I. in Magdeburg annehmen.[7]

930 heiratete Heinrichs Sohn, Otto I., in Quedlinburg die angelsächsische Königstochter Edgith.[8] Die Gemahlin Ottos erhielt den Ort Magdeburg als Morgengabe, was die gestiegene Bedeutung Magdeburgs während der Herrschaft Heinrichs I. belegt. Die Magdeburger Schöppenchronik berichtet von dieser Schenkung.
Als legendenhafte Ausschmückung in einer spätmittelalterlichen Chronik ist dieser Bericht deshalb nicht zu werten, weil der Vorgang der Schenkung bereits in der Gründungsurkunde des Moritzklosters von 937 enthalten ist.
Edgiths zentrale Rolle beim Ausbau Magdeburgs vom karolingischen Flecken zur ottonischen Stadt in den ersten Jahren der Herrschaft Ottos des Großen dürfte wegen dieser Schenkung außer Frage stehen. Wie groß der Anteil Edgiths an der frühen Entwicklung Magdeburgs war, lässt sich nicht mehr feststellen. Nach der Schöppenchronik war ihr Beitrag allerdings bedeutend, möglicherweise noch bedeutender als der Ottos. Denn nach dieser Chronik ergriff die Königin die Initiative zur Stadtgründung, da sie dem König den Wunsch vortrug, aus ihrer Burg Magdeburg eine Stadt zu bauen, was Otto auch tat. Aber nicht nur die Initiative kam von ihr, sondern auch die erste Vorstellung, wie Magdeburg aussehen solle, denn sie ließ sich herumfahren und gab der Stadt die Größe, die sie sich vorstellte.

Folgt man dieser Schilderung, dann scheint Edgith, die Gattin Ottos, die erste „Stadtplanerin“ von Magdeburg gewesen zu sein. Zweifellos spielt die legendenhafte Überhöhung der Rolle Edgiths hierbei eine große Rolle. Claude gibt aber dem ganzen Vorgang der Übertragung Magdeburgs an Edgith durchaus politische Bedeutung, da Heinrich I. 929 seine Erbfolge bereits zu Gunsten seines Sohnes Otto geregelt hätte. Wahrscheinlich, so Claude, sei schon im Zusammenhang mit diesem Vorgang Magdeburg aus dem Königsgut herausgelöst und Otto als Heiratsgut zur künftigen Übertragung als Morgengabe zugewiesen worden.[9]

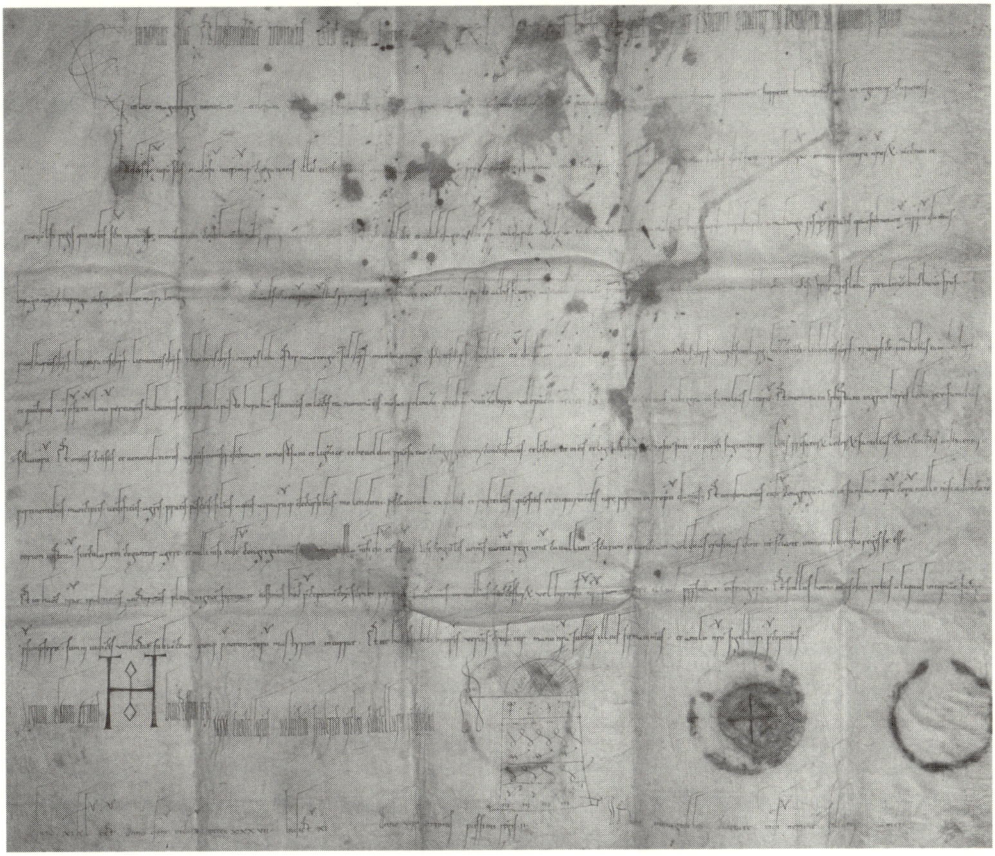

Diplom König Ottos I. für das Mauritiuskloster Magdeburg vom 21. September 937

Die Frage der ottonischen Pfalz in Magdeburg bewegt seit Generationen die Gemüter, da wir von dem Aussehen dieser Pfalz keine Vorstellung haben und ihre Lage bisher ebenfalls nicht lokalisiert werden konnte. Der Pfalzbezirk wird in etwa mit dem heutigen Domplatz identisch gewesen sein, aber Lage und Aussehen des Pallas sind unklar. Die Grabungen Ernst Nickels, Archäologe im Dienst der Akademie der Wissenschaften Berlin, in den sechziger Jahren des 20. Jahrhunderts schienen den Pallas in der südöstlichen Ecke des Domplatzes zutage gefördert zu haben,[10] neuere Forschungen haben aber ergeben, dass es sich hier mit an Sicherheit grenzender Wahrscheinlichkeit um ein sakrales Bauwerk, also um eine Kirche handelt. Damit gerät die bisherige Auffassung ins Wanken, dass an der Stelle des heutigen Domes sich von 937 bis 955 das Mauritiuskloster und von 955 bis 1207 der ottonische Dom befunden hätten.[11] Eine der beiden Vorgängerkirchen der heutigen gotischen

Kathedrale hat also an anderer Stelle, nämlich in der südöstlichen Ecke des Domplatzes gestanden. Um welche Kirche es sich dabei handelte, ist allerdings unklar und wird wohl auch nie ganz geklärt werden können. Folgt man der Pomariuschronik von 1587, dann steht der heutige Dom auf der Stelle, wo „das Closter, welches Keyser Otto gestiftet“, also das Mauritiuskloster, stand.[12] Damit wäre der von Nickel ergrabene Kirchengrundriss dem Dom Ottos des Großen zuzuordnen, der durch das Feuer, das Karfreitag 1207 Teile der Stadt in Schutt und Asche legte, zerstört worden ist.
Auf der Grundlage neuer Grabungen und der in Auswertung der Nickel-Grabungen von mehreren Archäologen vorgenommenen Neuinterpretation der frühmittelalterlichen Situation auf dem Magdeburger Domplatz[13] ist der Palast Ottos des Großen wieder aus dem Blickfeld geraten. „Die Königshalle der Magdeburger Pfalz werden wir also bis auf weiteres wieder in das ‚Dunkel der Geschichte‘ entlassen müssen.“[14]

W. Schlesinger hat die Schriftquellen zu diesem Thema zusammengetragen und ausgewertet.[15] „Otto wird 929 seinen Sitz in Magdeburg genommen haben; anders ist die Klostergründung schon nach einem Regierungsjahr wohl kaum zu erklären. Der Bau der Magdeburger Pfalz wird zwischen 929 und 936 begonnen worden sein. Durch ihre Zuweisung an das neugegründete Kloster 937 wurde der Platz nicht etwa dem Königtum entfremdet, sondern seine Bedeutung im Rahmen der königlichen Politik wurde im Gegenteil gesteigert. Magdeburg blieb Herrschaftssitz und Königsburg, urbs regia, wie Widukind zu 952 sagt, in so prägnanter Weise, daß der Corveyer Mönch nicht einmal glaubte den Namen hinzufügen zu müssen …“[16]

Die Argumentation Schlesingers geht ähnlich wie die von Claude davon aus, dass Otto der Große bereits zu Lebzeiten seines Vaters Heinrich I. zu dessen Nachfolger bestimmt wurde. Tatsächlich scheint ein Zusammenhang zwischen der Hochzeit Ottos mit der Halbschwester des Königs Aethelstan von Wessex, Edgith, im Jahr 930 und der Thronfolgeregelung für die Zeit nach Heinrich I. zu bestehen. Die Werbung Heinrichs I. beim angelsächsischen König um die Hand Edgiths 929 hatte wohl nur Sinn, wenn er die Thronfolge für seinen Sohn zusichern konnte.[17] Außerdem ist im Verbrüderungsbuch des Klosters Reichenau Otto in einem Eintrag vom Beginn des Jahres 930 neben dem Elternpaar als Einziger mit dem Titel „rex“ versehen worden.[18] Genannt werden die Eltern Heinrich und Mathilde, die Söhne Otto, Heinrich und Brun, der Schwiegersohn Giselbert mit Gerberga und deren Schwester Hadwig.[19] Ganz ohne Schwierigkeiten konnte aber Heinrich I. die Königsdesignation seines Sohnes Otto wohl nicht vornehmen. Das Verschwinden Ottos und Edgiths bis 936 aus der Überlieferung und der offensichtliche Rangstreit zwischen der Königin Mathilde und der Schwiegertochter Edgith, der auch mit der hochadligen Abstammung Edgiths im Zusammenhang gestanden haben könnte, verdeutlichen das. Die so von Heinrich I. 929/30 vorgenommene Weichenstellung für die Zeit nach seinem Tod brach mit zwei Prinzipien karolingischer bzw. merowingischer Zeit und stellte damit die liudolfingische „Hausordnung" auf eine neue Basis.[20]

1. „Ottos Vermählung mit Edgith (930) brach mit der Tradition der Karolinger, die Frauen aus dem eigenen Adel zu wählen."[21]
2. „Die Thronfolgeregelung, die 929/30 vereinbart und 936 in die Wirklichkeit umgesetzt wurde, wich grundsätzlich von dem ab, was bisher im fränkischen Reich üblich gewesen war. Seit der Zeit um 500 hatten die Merowinger, seit 750 die Karolinger alle ihre Söhne zu Königen gemacht und das Reich entsprechend der Zahl der Söhne geteilt. Heinrich hat seinen ältesten Sohn allein zum König bestimmt und ihm das Reich ungeteilt übergeben. An die Stelle der Reichsteilungen trat das Prinzip der Unteilbarkeit des Reiches und der Individualsukzession. Königssippe und Reich, die unter den Frankenkönigen untrennbar aufeinander bezogen waren, wurden hier auseinandergerückt. Das Reich galt als eine über dem König stehende, objektivierte Einheit, in der das Königtum als individuelles Amt vergeben wurde."[22]

Die Hauptbegründung für den Baubeginn der Magdeburger Kaiserpfalz im Jahr 929 ist also in der vermuteten Königserhebung Ottos zu suchen, der sich mit dieser Erhebung in einiger Entfernung von seinem Vater einen Herrschaftssitz suchen musste. Zieht man in Betracht, dass Edgith Magdeburg 930 als „dos" erhielt und Otto bereits im Jahr nach der Thronbesteigung 937 ein Kloster in Magdeburg errichtete, dann spricht schon einiges für die Annahme Schlesingers, Otto habe bereits 929 mit dem Pfalzbau in Magdeburg begonnen.

Das seit 929 erkennbar bedeutsam werdende Magdeburg erlebte mit der Gründung des Moritzklosters am 21. September 937 eine enorme Aufwertung. Die Chronisten Widukind von Corvey und Thietmar von Merseburg berichten in

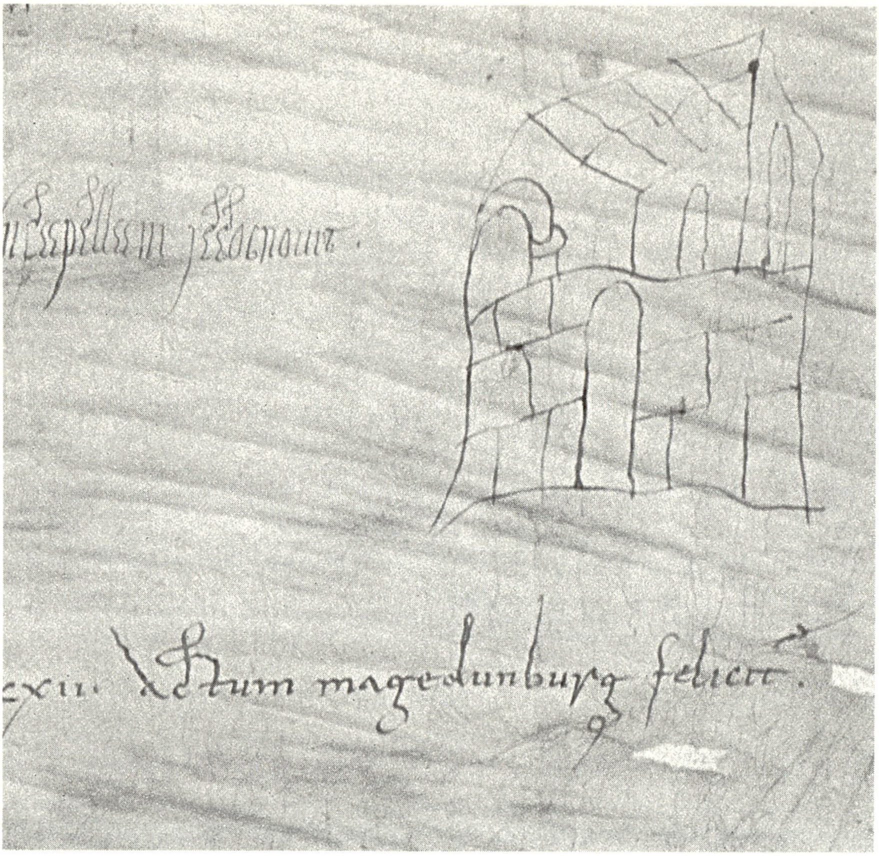

Rekognitionszeichen des Notars Liudolf auf einer Urkunde. Architekturskizze als Hinweis auf die Magdeburger Pfalz auf dem Diplom König Ottos I. für das Kloster St. Michael in Lüneburg vom 13. August 956

unterschiedlicher Weise über dieses Ereignis. Während Widukind die Gründung des Moritzklosters überhaupt nicht erwähnt, lässt Thietmar mit der Überführung der Reliquien des Märtyrers Innozenz zur Gründung des Moritzklosters Otto mit dem Bau der Stadt Magdeburg auf Veranlassung Edgiths beginnen.[23]

Die Gründung des Moritzklosters in Magdeburg muss in engem Zusammenhang mit der Gründung des Kanonissenstiftes in Quedlinburg 936 gesehen werden, und diese beiden Fundationen wiederum sind nur vor dem Hintergrund einer nach Osten ausgreifenden Politik, die bereits von Heinrich I. vollzogen und von Otto dem Großen fortgesetzt wurde, zu verstehen.[24] „Die

Schwäche der deutschen Reichskirche und das Fehlen von Missionszentren machten zur Zeit Heinrichs I. eine wirkungsvolle Slawenmission unmöglich, doch zeigte sich gegen Ende seiner Regierungszeit ein Fortschritt gegenüber den Verhältnissen der späten Karolingerzeit."[25]

Das Quedlinburger Kloster hatte als Kanonissenstift weniger eine missionspolitische Zielsetzung. Seine Aufgabe bestand hauptsächlich darin, ottonisches Königskloster, letztlich Reichskloster zu sein, in dem die ottonische Familie, insbesondere die „angeheiratete Verwandtschaft" das Amt des Klostervogtes innehaben sollte.[26] Eindeutig missionspolitische Aufgaben sollte dagegen das in Magdeburg gegründete Moritzkloster übernehmen,[27] allerdings erschöpften sich seine Aufgaben nicht darin. Die Errichtung des Quedlinburger und des Magdeburger Klosters durch Otto den Großen ist wahrscheinlich zu Zeiten Heinrichs I. vorbereitet worden.[28] Man kann diese Schlussfolgerung aus der Übernahme des Mauritiuskultes durch Otto I. ziehen. Sein Vater hatte von König Rudolf von Burgund die Heilige Lanze empfangen und stand offenbar in Verhandlung mit dem burgundischen König um den Erwerb von Mauritiusreliquien, von denen sich Rudolf aber augenscheinlich nicht trennen konnte.[29] So erhielt Otto der Große für die Gründung des Moritzklosters lediglich Innozenziusreliquien. Erst Ende 960 gelang es, Reliquien des heiligen Mauritius ins Moritzkloster nach Magdeburg zu überführen.[30]

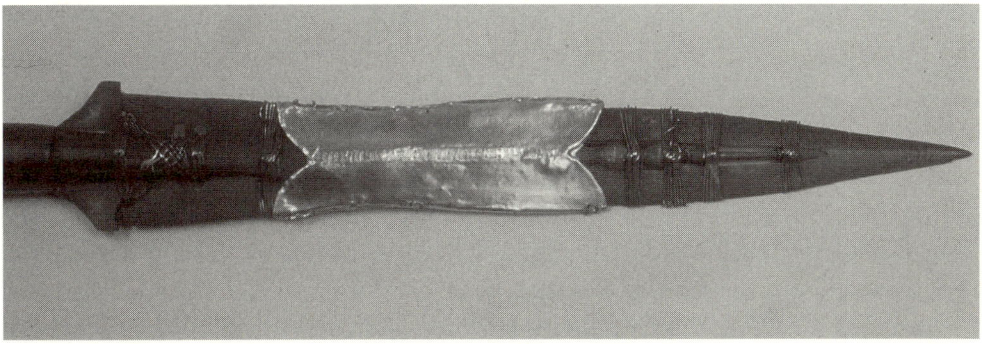

Die Heilige Lanze; sie gelangte 926 in den Besitz von Heinrich I.

Der Mauritiuskult war im 8. und 9. Jh. vor allem im westfränkischen Reich weit verbreitet, wahrscheinlich gehörte Mauritius in der Karolingerzeit schon zu den Reichsheiligen.[31] Der Mittelpunkt der Mauritius-Verehrung lag in St. Maurice in Burgund. Die Verbindung zum ostfränkischen Reich wurde im

Hl. Mauritius im Hohen Chor des Magdeburger Doms, Mitte 13. Jh.

November 926 hergestellt, als König Rudolf II. von Hochburgund Heinrich I. auf einem Hoftag zu Worms die Heilige Lanze überreichte.[32] Dieser Akt ist wohl im Zusammenhang der Neuregelung des Verhältnisses zwischen Burgund und dem ostfränkischen Reich zu sehen. Mit der Annahme der Lanze trat Heinrich I. nach dem Bericht Liutprands von Cremona, einem Chronisten des 10. Jahrhunderts, Teile von Schwaben an Rudolf II. ab.[33] Die Frage, ob Rudolf mit der Übergabe der Lanze lediglich eine Reliquie weitergab oder ob er einen Akt von staatsrechtlicher Bedeutung vornahm, in dem Sinne, dass er die Oberhoheit des ostfränkischen Königs anerkannte und den Treueid seines Vaters erneuerte,[34] sei dahingestellt. Von Bedeutung aber ist, dass die Heilige Lanze bei ihrer Übergabe bereits als Mauritiuslanze galt.[35] Damit war die Übernahme der Mauritiusverehrung durch die Liudolfinger vollzogen. Otto I. übernahm daher mit der Gründung des Moritzklosters in Magdeburg 937 die von seinem Vater eingeleitete Mauritiusverehrung.

„Die Lokalisierung des Mauritiuskultes in Magdeburg kann als Konsequenz der Bedeutung Magdeburgs für die Politik Ottos I. gelten, der aus diesem Grund dort eine Pfalz errichtete, bei der, entsprechend ihrer Wichtigkeit, ein Reichskloster gegründet wurde, das dem Mauritius geweiht wurde, dessen Bedeutung als Reichsheiliger seit 926 im Steigen begriffen war."[36]

Das Mauritiuskloster wurde mit Mönchen aus dem Kloster St. Maximin in Trier besetzt. Zwei Gründe scheinen für diese Entscheidung Ottos I. maßgeblich gewesen zu sein.

1. Das Kloster St. Maximin war 934 vom lothringischen Kloster Gorze reformiert worden und entwickelte sich schnell zu einem wichtigen Verbreitungszentrum der Gorzer Reform.[37] Otto I. muss einerseits über die Entwicklung des Trierer Klosters informiert gewesen sein und zum anderen der klösterlichen Reformbewegung Sympathie entgegengebracht haben. Das mit dieser Maßnahme verbundene Übergehen der angesehenen Reichsklöster Fulda, Hersfeld und Corvey ist bei den genannten Klöstern sicher registriert und durch die Nichterwähnung der Gründung des Magdeburger Moritzklosters bei Widukind in gewisser Weise kritisiert worden.[38]
2. Die Einsetzung Trierer Mönche in das Magdeburger Kloster stellte die Verbindung nach Lothringen her, während die Übernahme des Mauritiuskultes die Verbindung nach Burgund geschaffen hatte.[39] Diese Maßnahmen hatten langfristig das Ziel, das am Rande des ostfränkischen Reiches gelegene Magdeburg stärker in das Reich zu integrieren.

Die Aufgaben, die den Mönchen des Mauritiusklosters übertragen wurden, waren nach der Gründungsurkunde rein religiöser Natur. Die vorgenommene Übertragung von Besitzungen auf das Mauritiuskloster sollte dem Seelenheil Ottos, seiner Familie und des Königs Rudolf von Burgund dienen. Ähnlich wie den Kanonikern in den karolingischen Pfalzstiften fiel den Mönchen des Mauritiusklosters mit Sicherheit die Ausgestaltung von Gottesdiensten in Magdeburg zu, wenn der König anwesend war.[40] Darüber hinaus wuchsen den Mönchen weitere Aufgaben zu, die zwar nicht in der Gründungsurkunde fixiert sind, sich aber im konkreten Handeln nach 937 feststellen lassen. Otto I. hat Mönche aus dem Magdeburger Kloster nachweisbar seit 940 für seine Hofkapelle (Hofkanzlei) herangezogen.[41] Die Gruppe von Magdeburger Mönchen, die zu Kaplänen wurden, war so groß und die Handschrift dieser Gruppe so deutlich, dass in der Forschung vom „Magdeburger Diktat“ bzw. den „Magdeburger Diktatoren“ gesprochen wird.[42] Sicher wird man nicht zu weit gehen mit der Feststellung, dass mit dem Heranziehen der Mönche des Mauritiusklosters seit 940 zur königlichen Hofkapelle die Grundlage zur Entstehung der „Magdeburger Schule“ gelegt wurde. Auf jeden Fall hat die Beschäftigung Magdeburger Mönche in der Kanzlei als ein „wichtiges Anzeichen für die Bedeutung des Mauritiusklosters“[43] zu gelten.

Eine zweite wichtige Aufgabe des Moritzklosters ist in der Mission in den ostelbischen Gebieten zu sehen. Allerdings ist es außerordentlich schwierig, über das Maß dieser Mission ein klares Bild zu erhalten.[44] Es lässt sich aber kaum vorstellen, dass ein Reichskloster in der wichtigsten Königspfalz zu Zeiten Ottos des Großen, an der Grenze zu den Gebieten der nicht-christianisierten Slawen gelegen, keine missionarischen Aufgaben zu erfüllen hatte. Mit dieser Frage mittelbar hängt auch die viel diskutierte Frage zusammen, ob Otto der Große schon 937 bei der Gründung des Moritzklosters die spätere Einrichtung eines Erzbistums in Magdeburg ins Auge gefasst hatte. Es gibt mehrere schwerwiegende Gründe anzunehmen, dass er diese Absicht 937 noch nicht hatte, sondern erst ab 955 seine Politik auf die Einrichtung eines Erzbistums in Magdeburg richtete. In den ersten Jahren nach seinem Herrschaftsantritt hatte Otto I. offenbar noch keine konkreten Vorstellungen über die kirchliche Zukunft der Slawenländer. Das Jahr 948 brachte dann mit der Bildung dreier Bistümer in den eroberten slawischen Gebieten Klarheit über die kirchliche Organisation in dem Bereich. Die Bistümer Brandenburg, Havelberg und Oldenburg wurden in diesem Jahr gegründet. In allen Einzelheiten ist die anscheinend gleichzeitig vorgenommene Errichtung der drei Bistümer nicht nachvollziehbar, da lediglich für das Bistum Brandenburg eine Gründungsurkunde vorliegt. Oldenburg wurde wie die drei nordischen Bistümer Schleswig, Aarhus und Ripen, die ebenfalls in dieser Zeit errichtet wurden, dem Erzbischof von Bremen zugeordnet. Die Bistümer Havelberg und Brandenburg unterstellte der König dem Erzbistum Mainz. Hätte Otto I. damals schon die Gründung des Erzbistums Magdeburg beabsichtigt, wäre die Zuordnung von Havelberg und Brandenburg zum weit vom Missionsgebiet entfernten Mainzer Erzbistum nicht erklärlich. Der Gedanke, das Erzbistum Magdeburg einzurichten, scheint Otto tatsächlich erst nach der Schlacht gegen die Ungarn auf dem Lechfeld 955 gekommen zu sein. Thietmar von Merseburg hat in seinem „Chronicon" den Beschluss Ottos, in Magdeburg ein Erzbistum zu errichten, in einen unmittelbaren zeitlichen Zusammenhang mit seiner Rückkehr von dieser Schlacht gesetzt.[45]

„Der König aber sah froh seine sächsische Heimat wieder, alle Großen zogen ihm von weither entgegen und empfingen ihn in höchster Begeisterung. Seine ehrwürdige Mutter umarmte den Langersehnten unter Freudentränen. Sogleich unterrichtete er alle von seinem Gelübde und erbat inständig Rat und Hilfe, um es pünktlich einlösen zu können. Da sie seinen Entschluß lobten und seiner frommen Bitte zustimmten, errichtete der König in der Stadt Magdeburg eine Abtei und ließ an der Grabstätte der frommen Edith, neben der er selbst nach seinem Tode zu ruhen wünschte, einen prächtigen Kirchenbau beginnen. Die Absicht hier auch ein Bistum zu errichten, konnte er bei Bernhard, dem 7. Bischof der hl. Halberstädter Kirche, in dessen Sprengel die Stadt liegt, zu dessen Lebzeiten nicht durchsetzen. Was er an Landbesitz und sonstigem Eigentum in der ihm beschiedenen Lebenszeit erwarb, überwies er unverkürzt Gott und seinem Streiter Mauritius zu eigen."[46]

Thietmar berichtet also, dass König Otto nach seiner triumphalen Rückkehr nach Magdeburg eine Abtei errichtete und mit dem Bau einer großen Kirche an der Grabstätte seiner ersten Frau Edgith, die 946 gestorben war, begann sowie versuchte, ein Bistum in Magdeburg einzurichten. Der Kirchenbau auf dem Domplatz kann nur als Dombau angesehen werden, der den festen Willen Ottos unterstrich, ein Bistum an der Stelle zu errichten. Für das Moritzkloster würde die Gründung des Bistums damit das Ende an seinem bisherigen Standort bedeuten. Tatsächlich mussten die Benediktinermönche des Moritzklosters ihren Standort auf dem Domfelsen aufgeben. Sie verlegten ihren Konvent auf eine natürliche Erhebung südlich der Domburg in einiger Entfernung von ihr. „Das neue Kloster stellt, rechtlich betrachtet, eine Neugründung dar, die keine Beziehungen zum ehemaligen Moritzkloster hatte, obwohl der letzte Konvent dieses Klosters mit dem ersten der Neugründung weitgehend personengleich war."[47] Aus dem Moritzkloster wurde ein Johanniskloster „in monte sancti Johannis baptistae"[48], bald nur noch „Kloster Berge" genannt. Die zum Moritzkloster gehörenden Gebäude auf dem Domfelsen gingen in den Besitz des Erzstiftes über.[49]
Die Gründung des Klosters Berge bzw. der Zeitpunkt der Verlegung des Moritzklosters in den Süden der Domburg wird von keiner zeitgenössischen Quelle genannt,[50] wenn man von der bei Thietmar erwähnten von Otto I. nach 955 errichteten Abtei absieht. Ganz offensichtlich hat der Beginn des Dombaus im Jahre 955 nicht die sofortige Verlegung des Klosters zur Folge gehabt. Aus einer Schenkungsurkunde Ottos I. für das Moritzkloster vom 28. Juli 966 geht hervor, dass das Moritzkloster zu diesem Zeitpunkt noch bestand.[51] Allerdings muss zu dieser Zeit der Umzug des Klosters unmittelbar bevorgestanden haben. „Da der Umzug des Konventes an einem 9. August stattfand und die Synode von Ravenna im April 967 das Bestehen eines Kanonikerstiftes voraussetzte, muß die Gründung des Klosters 966 stattgefunden haben."[52]

Die Absicht Ottos, in Magdeburg ein Bistum einzurichten, ist also erst von 955 an tatsächlich nachweisbar. Wie gezeigt, spricht viel dafür, dass diese

Absicht in den kirchenorganisatorischen Überlegungen Ottos in den Jahren zuvor – erkennbar – keine Rolle spielte.
Was lässt sich aus der Gründungsurkunde des Moritzklosters für die Entwicklung der Stadt Magdeburg entnehmen? Magdeburg wird in dieser Urkunde als Ort dreimal erwähnt: „in loco Magdeburg nominato aecclesiam construere studuimus“, „in Magdeburg curtem nostrum“ und „actum in Magdeburg civitate“.[53] Der Begriff „civitas“ ist nicht mit „Stadt“ zu übersetzen, sondern bedeutet „Burg“.[54] Es ist in der älteren Forschung viel darüber nachgedacht worden, was diese Stellen in der Gründungsurkunde des Moritzklosters bedeuten könnten. Insbesondere F. A. Wolter machte sich Gedanken über die Worte „in loco Magdeburg nominato“.[55] Wolter spricht sich gegen die früher häufig vorgenommene Gleichsetzung des Begriffs „in loco“ mit „in urbe“ oder „in civitate Magdeburg“ aus. Dieser Ansicht wird man folgen können. Die Begründung allerdings lässt wieder das Dilemma der zu geringen Kenntnis über die topographischen Verhältnisse in Magdeburg im frühen 10. Jahrhundert, das wir aufgrund der archäologischen und schriftlichen Überlieferung haben, deutlich werden.

Nickel machte in seiner Einschätzung über das karolingische Magdeburg und die vielfach in der Forschung vorkommenden Spekulationen über die topographische Situation klar, dass allen Erklärungsversuchen der Beweis fehlt.[56] Diese Beurteilung der Forschungssituation gilt auch noch für das Jahr 937, in dem das Moritzkloster gegründet wurde.

Die entscheidende Stelle in der Gründungsurkunde von 937, aus der eine Information zur topographischen Situation des Ortes Magdeburg zu ziehen ist, lautet: „in Magdeburg curtem nostrum“, also „in unserem Königshof Magdeburg“. Diese Angabe deckt sich mit der Schilderung in den „Annales Magdeburgenses“, in denen es heißt: „praedictus rex … abbaciam regalem intra urbem Magdeburg fundavit“[57], also der vorgenannte König gründete eine königliche Abtei innerhalb der Stadt Magdeburg. Das Moritzkloster lag innerhalb der Mauern Magdeburgs, da der Ort zu diesem Zeitpunkt im Wesentlichen aus der *curtis* (Königshof) auf dem Domfelsen bestand. Diese *curtis* hatte eine größere Ausdehnung, als der heutige Domplatz vermuten lässt. Im Norden erstreckte sich diese Anlage mindestens bis zu dem Areal, auf dem heute das Kloster Unser Lieben Frauen steht, im Westen fast bis zum Breiten Weg, im Osten bis an das Steilufer der Elbe reichend und im Süden begrenzt von der zu erbauenden Klosteranlage.[58] Wo sich die seit karolingischer Zeit im Schutze des königlichen Wirtschaftshofes herausbildende Kaufleutesiedlung tatsächlich befand, ist nach wie vor nicht mit Sicherheit zu bestimmen. Als mögliche Standorte des Suburbiums werden die spätere Sudenburg südlich des Domfelsens und das Gebiet unterhalb des Domfelsens zur Elbe hin angenommen. K. Mrusek hält den Standort der Kaufmannsiedlung östlich des Domfelsens für den wahrscheinlichen, zumal die Stromverhältnisse der Elbe im frühen Mittelalter andere waren als heute und etwas mehr Platz ließen für eine Siedlung.[59] „Unterhalb der Anhöhe, auf der sich das Kastell ausbreitete, hat sich einstraßig der zu schützende und zu kontrollierende *Grenzhandelsplatz* auf dem schmalen Saum des Elbvorlandes hingezogen. Dieser Kaufmannswik war ein von Fernhändlern periodisch besuchter Handels- und Umschlageplatz. Sie hatten ihren festen Sitz im Westen des Reiches und erscheinen zu den Marktzeiten mit ihren Karawanen, um Handel zu treiben. Eine Gemeindebildung im Wik gab es noch nicht. Es herrschte nicht eine genossenschaftliche, sondern eine herrschaftliche Ordnung. Eine wichtige Handelsware an dieser Stelle waren Slaven, die als Sklaven bis nach dem islamitischen Spanien transportiert wurden."[60]

B. Schwineköper dagegen geht davon aus, dass die Kaufleutesiedlung, zwischen 10. und 13. Jahrhundert „Suburbium" genannt, sich zwischen der Domburg im Norden und dem später gegründeten Kloster Berge befand.[61] Er vermutet, dass die Möglichkeiten für den Schiffsverkehr und eine flächenmäßige Ausdehnung beschränkt waren und daher der Magdeburger Markt vom Süden in den Norden in den Bereich des alten Marktes, also des heutigen Marktes, gelegt wurde, wo es dann auch zum Bau der Johanniskirche als „Ecclesia Mercatorum" kam, ohne dass die alte Kaufleutesiedlung aufgegeben wurde.[62] Eine Textstelle bei Thietmar von Merseburg schildert, wie die sterblichen Überreste Erzbischof Walthards, der 1012 in Rothenburg an der Saale gestorben war, zu Schiff nach Frasa gebracht, dort mit den Pontifikalgewändern bekleidet und in den Dom überführt worden sind.[63] Mit „Frasa" soll nun nicht „Frohse" bei Schönebeck, sondern, wie R. Holtzmann und B. Schwineköper meinen, „Frohse" nördlich des alten Marktes von Magdeburg gemeint sein.[64] Dieses „Frohse" ging dann später in der Altstadt und der Neustadt auf. Als ganz gesichert kann man die „Frohse-Theorie" nicht ansehen, zu der noch die Annahme gehört, dass Frohse von friesischen Händlern gegründet worden sei, deren Anteil an der frühen Handelsgeschichte Magdeburgs beim gegenwärtigen Forschungsstand allenfalls erahnt werden kann.

Weder die Verlegung der Kaufmannssiedlung aus dem ursprünglichen Raum südlich des Domfelsens noch die Existenz dieser Kaufmannssiedlung vor 937 sind urkundlich bzw. archäologisch nachzuweisen. Grabungen im Bereich der früheren Sudenburg, um die Lage des Suburbiums zu ermitteln, sind wahrscheinlich aussichtslos, da dieses Areal sich auf dem späteren Festungsgebiet befindet und damit archäologisch gravierend gestört ist.[65]

Eine Stadtgemeinde hat es zu dem Zeitpunkt der Gründung des Moritzklosters und auch in den Jahrzehnten danach noch nicht gegeben. Dennoch lässt sich in den nach 937 folgenden Jahren und Jahrzehnten aus den Privilegien, die Otto I. dem Moritzkloster in großer Zahl zukommen ließ, erkennen, dass die nicht agrarische, auf Handwerk und Handel basierende Wirtschaftstätigkeit stark zunahm.[66] So schenkte Otto dem Moritzkloster sechs Tage nach dessen Gründung allen Zoll, der in Magdeburg erhoben und zu erheben sein würde, und befreite den Convent des Moritzklosters von aller weltlichen Gerichtsbarkeit, womit er ihm die Immunität schenkte.[67] Mit dem hier erwähnten Zoll könnte bereits der Marktzoll gemeint sein, womit ab spätestens 937 Marktverkehr in Magdeburg anzunehmen wäre. Auch in dieser Schenkungsurkunde hob Otto I. hervor, dass es sich bei dem „vorgenannten Ort" („in loco Magedeburg nominato") um eine Schenkung an seine Gemahlin handelte. Bemerkenswert ist, dass der Herrscher dem Moritzkloster nicht bestimmte Teile der Zolleinnahmen oder einen bestimmten Zoll, sondern den gesamten Zoll, der in Magdeburg eingenommen wurde und noch einzunehmen sein würde, überließ.

Otto I. unterließ auch in den Folgejahren nichts, um die Stellung seines in Magdeburg gegründeten Reichsklosters zu stärken. „Zur Sicherung der materiellen Bedürfnisse der Mönche empfing das Kloster reiche *Schenkungen* an Land, Hörigen und nutzbaren Rechten. Die in der Gründungsurkunde überwiesenen Güter lagen fast ausschließlich im Nordthüringgau. Hinzu kam Besitz in sechs Dörfern nördlich der Ohre."[68]

Am 28. März 942 übertrug Otto den Mönchen des Moritzklosters den Ertrag aus Zoll und Münze.[69] Die Magdeburger Münze ist mit dieser Urkunde von 942 die erste lokalisierbare Münzstätte in Sachsen. Wahrscheinlich wurden in ihr die Sachsenpfennige geschlagen, die zur gängigen Münze in den ostelbischen slawischen Gebieten wurden.[70]

Sachsenpfennig, schriftlos, Magdeburg ab ca. 936, Silber (Abbildung in Originalgröße)

Sachsenpfennig mit dem Namenszug OTTO, Magdeburg ab ca. 936, Silber (Abbildung in Originalgröße)

Sukzessive ging die Stadtherrschaft vom König bzw. Kaiser auf das Mauritiuskloster über. Zu einem gewissen Abschluss kam dieser Prozess am 9. Juli 965, als Otto I. dem Moritzkloster Markt, Münze und Zoll sowie den Bann und die Gerichtsbarkeit über die Juden und Kaufleute, die sich in Magdeburg aufhielten, verlieh.[71]
Rechtsnachfolger des Moritzklosters war das 968 gegründete Erzbistum Magdeburg. Als der Nachfolger Ottos I., sein Sohn Otto II., am 4. Juni 973, also kurz nach seinem Herrschaftsantritt, „der erzbischöflichen Kirche zu Magdeburg die Privilegien seines Vaters, namentlich Immunität, Bann, freie Vogtswahl, Stadt und Burgward Magdeburg, den Besitz im Nordthüring- und Harzgau, Markt und Münze zu Gittelde, sowie den Besitz westlich der Weser“[72] bestätigte, war die Stadtherrschaft in Magdeburg endgültig vom König auf das Erzbistum übergegangen.[73]

Für die Verfassungsgeschichte Magdeburgs ist eine Textstelle bei Thietmar von Bedeutung, in der es heißt, die „optimi civitatis“ (Besten der Stadt) seien zur „ecclesia popularis“ (Kirche des Volkes) gerufen worden.[74] Diese „ecclesia popularis“, die früher häufig mit der Johanniskirche gleichgesetzt wurde, was aber von den Grabungen in der Kirche nicht überzeugend bestätigt worden ist, wird in Urkunden Ottos I. 941 und 946 erstmalig erwähnt. In beiden Urkunden geht es um Schenkungen an die Mönche des Moritzklosters zu dessen materieller Absicherung.[75] Einmal wird die Kirche „plebeia ecclesia“ genannt und das andere Mal „ecclesia popularis“. Sie befand sich im Besitz des Halberstädter Bistums und wurde im Tausch gegen andere Ländereien von Otto I. für das Moritzkloster erworben. Wenn es sich bei dieser Kirche nicht

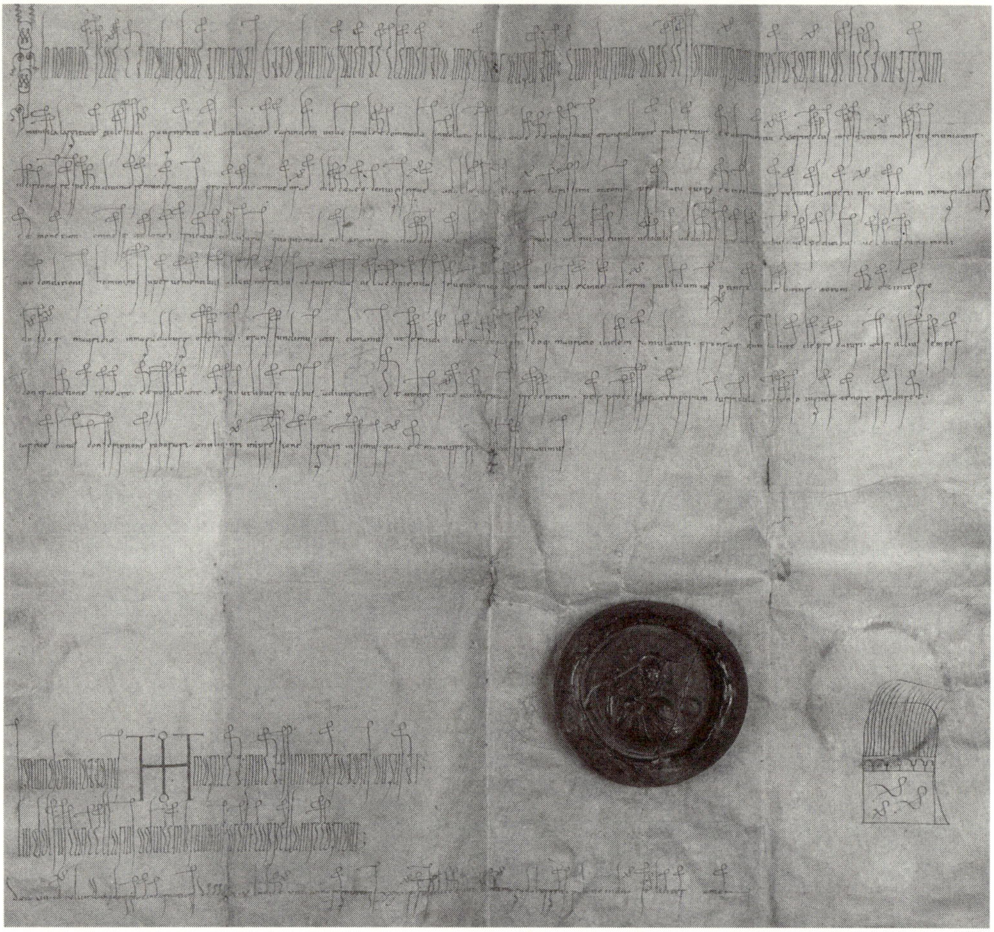

Diplom Kaiser Ottos I. für das Mauritiuskloster Magdeburg vom 9. Juli 965

um die Johanniskirche handelt, kommt die in der Schöppenchronik erwähnte Stephanskirche bzw. Stephanskapelle dafür in Betracht, deren Existenz archäologisch allerdings noch nicht nachgewiesen werden konnte.[76] Wen haben wir unter den „optimi civitates" zu verstehen, die zur „ecclesia popularis" gerufen wurden? Offensichtlich sind schon zu ottonischen Zeiten einzelne Personen zu besonderem Ansehen gelangt.[77] A. Hagedorn spricht sich deutlich gegen die Interpretation aus, dass mit diesem Personenkreis „eine Behörde und zwar … das Schöffencolleg" gemeint sein könnte.[78] Die folgenden Ausführungen über die starke Handelstätigkeit der Magdeburger Kaufleute zu ottonischen Zeiten lassen den Schluss zu, dass Hagedorn die „optimi" unter diesen vermutet. E. Liesegang hält dagegen bereits für die ottonische Epoche die

Schöffen für den vornehmsten Teil der Bürgerschaft, bezieht sich aber in seinen Ausführungen ausschließlich auf spätere Zeiten, nämlich die Herrschaft des Erzbischofs Wichmann (1152–1192).[79] Die Existenz eines Schöffenkollegs im 10. Jahrhundert in Magdeburg anzunehmen, hieße ja, die Existenz von Vorformen des Magdeburger Rechts in dieser Zeit vorauszusetzen. Dafür fehlt aber jeglicher Hinweis. Die Annahme von Hagedorn zielt viel eher in die richtige Richtung. Wichtig ist, dass nach Thietmar die Bevölkerung Magdeburgs zu Zeiten Ottos des Großen schon eine gewisse soziale Gliederung aufwies, was sicherlich nicht sonderlich verwunderlich ist, da Menschen in jeglicher gesellschaftlichen Situation zu einer inneren Differenzierung neigen. Es ist vielmehr der Vorgang der Lenkung durch Otto den Großen bemerkenswert, der eine Gruppe aus der Bevölkerung herausgreift und diese als Bevollmächtigte gegenüber der übrigen Bevölkerung betrachtete. Damit war der erste Schritt zu der Herausbildung eines Ratsorgans getan. Man kann davon ausgehen, dass auch in nachottonischen Zeiten diese herausgehobene Gruppe, die „optimi", über besondere Vorrechte verfügte und eine Art „Sprecherfunktion" gegenüber der übrigen Bevölkerung innehatte. Dass diese „optimi civitates" sich vor allem aus der Gruppe der Kaufleute rekrutierten, darf man wohl annehmen.

Die erste urkundliche Erwähnung von Schöffen, „iudices scabini", ist erst rund zweihundert Jahre später zu verzeichnen. „Die früheste Bestätigung durch den Magdeburger Schultheißen Sifridus in Gegenwart seines Vaters Hadamarus und gleichzeitige Zuziehung der fünf iudices scabini namens Acco, Bruno, Luiderus, Conradus und Haolfus erfolgte zwischen 1147 und 1154 auf Veranlassung der Frau Ameka, die laut Bekundung des Propstes Evermodus ihre Hofstätte und fünf Leibeigene dem Kloster Unser Lieben Frauen schenkungsweise übertrug."[80] Th. Goerlitz weist darauf hin, dass die Ersterwähnung von Schöffen in Magdeburg in der Mitte des 12. Jahrhunderts im Vergleich mit der verfassungsmäßigen Entwicklung in anderen deutschen Städten als eher früh zu bezeichnen ist. Die Schöffen in Köln sind erstmalig bereits 1103 nachweisbar,[81] in Halle erst 1235, als von dort eine Rechtsweisung an Neumarkt in Schlesien erging.[82] Für das 10. Jahrhundert, das bleibt festzuhalten, sind Schöffen nicht nachzuweisen, was aus der Verfassungsentwicklung der deutschen Städte im Ganzen heraus erklärbar ist.

Die verschiedenen Privilegienbewidmungen Ottos des Großen praktisch über den gesamten Zeitraum seiner Herrschaft lassen das Wachsen eines bürger-

Chronik Thietmars von Merseburg, Anfang 11. Jh. verfasst

lichen Gemeinwesens neben der königlichen Pfalz und dem Moritzkloster durchaus erkennen. Mit der Bestimmung von 965, in der dem Moritzkloster zu Magdeburg Markt, Münze und Zoll[83] und die Gerichtsbarkeit über die Juden und die übrigen in Magdeburg lebenden Kaufleute[84] verliehen wurde, ist der Prozess der Entwicklung zur „ottonischen Stadt" vollzogen.[85] Hervorzuheben ist die erstmalige Nennung der Juden und sesshaften Kaufleute: „Iudie vel ceteri ibi manentes negotiatores".[86] Aus den Kaufleuten, die sich nur vorübergehend in Magdeburg zu bestimmten Zeiten aufhielten, waren „manentes" geworden, also Kaufleute, die sich dort niedergelassen hatten, womit der Ort Magdeburg jene beiden Elemente aufwies, die das Wesen der Stadt ausmachen, „civitas" und Marktsiedlung.[87]

Ottos Gründungswerk in Magdeburg erfuhr nach der Einrichtung des Erzbistums Magdeburg 968 seine Vollendung.[88] Am 10. August 955 schlug Otto I. die Ungarn auf dem Lechfeld. Dieser Sieg führte zu einem dauerhaften Frieden an der Südostseite des Reiches. Nach dem Chronisten Widukind von Corvey wurde Otto I. von seinem Heer per Akklamation zum Kaiser ausgerufen.[89]

Aus einem Brief des Mainzer Erzbischofs Wilhelm an Papst Agapet II. im Jahr 955 wird die Absicht Ottos deutlich, das Bistum Halberstadt wohl mit dem Ziel zu verlegen, in den Grenzen des Halberstädter Bistums das neue Magdeburger Erzbistum zu schaffen. Der energische Widerstand des Mainzer Erzbischofs Wilhelm, Sohn Ottos des Großen, und des Halberstädter Bischofs Bernhard hielt den König zunächst vom weiteren Vorgehen in dieser Sache ab.
Wie viel Otto dem Großen an seinem Magdeburger Erzbistumsplan gelegen war, geht aus der Tatsache hervor, dass er seine Kaiserkrönung 962 in Rom offenbar mit diesem Vorhaben verband. Wenige Tage nach Ottos Kaiserkrönung stimmte Papst Johannes XII. am 12. Februar 962 der Gründung des Erzbistums Magdeburg zu. Deutlich lässt sich hinter den Worten der Papsturkunde die Absicht des Kaisers erkennen, seinen schon länger gehegten Plan der Gründung eines Erzbistums in Magdeburg endlich in die Tat umzusetzen. Aber wieder scheiterte dieses Unternehmen am Widerspruch des Mainzer und des Halberstädter Bischofs. Die sehr weitgehenden Pläne Ottos des Großen, ein universales christliches Reich mit den Mittelpunkten in Rom, Aachen und Magdeburg zu schaffen, mit dem Recht versehen, in den missionierten Slawengebieten neue Bistümer zu gründen, gingen zunächst nicht in Erfüllung.

Im Jahr 967 unternahm Otto der Große einen neuen Versuch, in Magdeburg ein Erzbistum zu gründen, und hatte nun endlich Erfolg. Am 20. April 967 verfügte Papst Johannes XIII. die Einrichtung des Erzbistums. In der Urkunde heißt es, dass Otto auf der Synode in Ravenna in feuriger Rede dargelegt hätte, auf welche Weise in den nördlichen Gegenden unter päpstlicher Autorität die Christenheit erweitert werden solle.[90] Dieser Beschluss konnte noch immer nicht umgesetzt werden, da Bischof Bernhard von Halberstadt, ohne dessen Zustimmung die Einrichtung des Magdeburger Erzbistums nicht realisiert werden konnte, in Ravenna nicht anwesend war. Zu Beginn des Jahres 968 starb nicht nur Bernhard, sondern auch der Mainzer Erzbischof Wilhelm, so dass nun für Kaiser Otto der Weg zur Schaffung des Magdeburger Erzbistums frei war. Die Nachfolger, Hatto von Mainz und Hildeward von Halberstadt, erhielten die kaiserliche Zustimmung zu ihrer Investitur erst, als sie ihre Einwilligung in der Magdeburger Frage gaben. Dies geschah auf der nächsten Synode in Ravenna im Oktober 968.[91] Ein Teil des Halberstädter Bistums ging im Tausch an das neue Erzbistum.

Kurz nach der Synode von Ravenna begann Kaiser Otto I. mit der Errichtung des Magdeburger Erzbistums. Ende Oktober 968 forderte er seine Getreuen auf, den zum ersten Magdeburger Erzbischof bestimmten Adalbert[92] durch Akklamation und Aufheben der Hände anzuerkennen.[93] Zur Weihe der Bischöfe von Merseburg, Meißen und Zeitz wurden Bestimmungen getroffen. Die Bischöfe von Havelberg und Brandenburg sollten dem Erzbischof Treue und Gehorsam geloben.

Das Erzbistum trat in alle Rechte des Moritzklosters ein.[94] Der seit 955 an der Stelle des Moritzklosters entstehende Dom, der 968 sicher noch nicht vollendet war, wurde Sitz des Magdeburger Erzbischofs, der auch die Kaiserpfalz für seine Zwecke nutzen konnte.
Der Nachfolger Ottos des Großen, sein Sohn Otto II., fügte den Privilegien seines Vaters am 26. Juni 975 die Zollfreiheit für die Kaufleute aus Magdeburg im ganzen Reich an.[95] Ausgenommen waren die Orte Mainz, Köln, Kiel und Bardowiek. Unschwer lässt dieses Privileg einen weiteren wirtschaftlichen Aufschwung Magdeburgs erkennen. Die Stellung des Erzbischofs gegenüber dem Ort Magdeburg wurde durch kaiserliche Bestimmungen Ottos II. und Ottos III. weiter gefestigt.[96] In der Bestimmung vom 14. Februar 985 beschränkte Otto III. die Übertragung des Königsbannes im Unterschied zu seinen Vorgängern nicht auf den Ort Magdeburg und sein Gebiet, sondern dehnte diesen auf sämtliche Besitzungen des Erzbischofs aus.[97]

„Unter den fränkischen Kaisern blieben diese Verhältnisse intact erhalten. Konrad II. und Heinrich III. sprachen in den Urkunden vom 2. März 1025 bez. 11. August 1040 die Anerkennung des Erzbischofs Hunfried als Stadtherren aus. Aufgrund der ihnen vorgelegten Diplome der früheren Kaiser bestätigten sie der Magdeburger Kirche alles, was diese an Gütern und Rechten innehabe oder noch erwerbe, und verordneten von Neuem, daß auf den Besitzungen des Erzstiftes die öffentlichen Beamten keinerlei Gewalt ausüben dürften. Letztere stehe allein dem von dem Vorsteher der Kirche gewählten Vogte zu.
Magdeburg war eine erzbischöfliche Stadt geworden, welche durch die Beamten des Moritzstiftes verwaltet wurde.“[98]

II. Die Wurzeln städtischer Entwicklung (10. Jh. bis Beginn 12. Jh.)

Magdeburg hatte unter Otto I. einen großen Aufschwung genommen. Zugleich hat Kaiser Otto mit der Erhebung Magdeburgs zur erzbischöflichen Metropole und der Übergabe der stadtherrlichen Rechte an den Erzbischof die Weichen für die Zukunft gestellt. Im Bewusstsein der Magdeburger Bürgerschaft legte dieser Vorgang für viele Jahrhunderte die Grundlage für ihr politisches Selbstverständnis. Magdeburg war zwar von nun eine erzbischöfliche Stadt, was im Laufe des hohen, vor allem aber des späten Mittelalters zunehmend als bedrückend empfunden wurde, doch am Anfang stand Otto der Große. Er schuf Magdeburg und das Erzbistum in einem gleichsam parallelen Vorgang. Er wählte Magdeburg als seine Grablege, seine erste Frau Edgith, das wird in der Magdeburger Schöppenchronik mit Bedacht besonders ausgeführt, nahm maßgeblichen Anteil am Aufbau der Stadt. Magdeburg schöpfte sein Selbstbewusstsein im Verlauf des Mittelalters bis in die frühe Neuzeit hinein maßgeblich aus der Gewissheit, eine ottonische, eine kaiserliche Stadt zu sein. Die Betonung dieser ottonischen Provenienz war vor allem als Waffe gegen den Erzbischof in seiner Eigenschaft als Stadtherr von Magdeburg geeignet und wurde entsprechend häufig auch eingesetzt. Ein besonders augenfälliges Beispiel stellt der Versuch des Magdeburger Rates am Ende des 15. Jahrhunderts dar, mit einer gefälschten Urkunde die stadtherrlichen Rechte des Erzbischofs zu unterhöhlen. Diese Urkunde soll vom 13. Mai 978 datieren und von Otto II. ausgestellt worden sein.[1] In dieser Urkunde werden die Privilegien, die Otto der Große der Stadt Magdeburg erteilt hat, von seinem Sohn Otto II. in vollem Umfang bestätigt. Insbesondere wird die Vergabe des Stadtrechts an Magdeburg erwähnt, dem Magdeburger Schöffenstuhl werden weitgehende Rechte eingeräumt. Das Schriftstück ist leicht als Fälschung zu entlarven, da es Institutionen und Rechte beinhaltet, die es weder von der Terminologie noch von der Sache her im 10. Jahrhundert gegeben hat, etwa das „ius municipale“ (Stadtrecht) oder die „scabini“ (Schöffen).

Die starke Erinnerung an Otto den Großen und das Pochen auf von ihm erteilte Rechte an die Stadt Magdeburg im weiteren Verlauf des Mittelalters sind aus dem Dualismus zwischen der Ratsherrschaft und der erzbischöflichen Stadtherrschaft heraus erklärlich. Vor dem Hintergrund der sich erst im

12./13. Jahrhundert vollziehenden Gemeindebildung in Magdeburg ist dieses starke Bewusstsein ottonischer Herkunft dennoch bemerkenswert. Über den Grad der Verfasstheit der Bürgergemeinde zwischen dem 10. und 12. Jahrhundert ist sehr wenig überliefert. Vermutlich waren die „optimi civitatis" aktiv an der Gemeindebildung beteiligt, stellten die ältesten und vornehmsten Ratsgeschlechter und trugen das Wissen um die herausragende Stellung Magdeburgs unter den Ottonen von Generation zu Generation.

Die Herausbildung der Ratsverfassung zwischen dem 10. und 13. Jahrhundert ist kein auf Magdeburg beschränkter Prozess. Überall in Europa lassen sich mit zeitlichen Verzögerungen ähnliche Entwicklungen verfolgen.
„Bei der Beschäftigung mit der Entstehung der abendländischen Kommune wird man grundsätzlich zwischen dem Ereignis und dem Prozeß unterscheiden und dennoch die Verknüpfung beider Elemente bedenken müssen. Begrifflich läßt sich das folgendermaßen auseinanderhalten: Während die kommunale Erhebung sozusagen das revolutionäre Geschehen markiert, bezeichnet die kommunale Bewegung den evolutionären Vorgang. Einen einmalig radikalen Umsturz, bei dem sich dieses neuartige politische und gesellschaftliche Gebilde dauerhaft etabliert hätte, hat es nicht gegeben. In der Regel sind viele Anläufe und Etappen vonnöten gewesen, bevor die Kommune klare Gestalt gewonnen hat. Eine solche Ereigniskette erstreckte sich z. T. über mehr als 150 Jahre, so daß es erforderlich ist, die Zeitspanne von um 1050 bis mindestens 1250 in das Blickfeld zu rücken, wobei immer Vorstufen und Ausblicke mitzubedenken sind."[2]

Vorreiter der Kommunebildung waren die oberitalienischen Städte, vor allem Mailand und Cremona, in denen bereits um 1000 Einschränkungen der stadtherrlichen Gewalt festzustellen sind.[3] An die zweite Stelle der Entwicklung ist die nordfranzösische Städteregion zu setzen. Von Le Mans (1070) und Cambrai (1077) über Saint Quentin (um 1081), Beauvais (um 1099), Noyon (1108/09) bis hin zu dem herausragenden Beispiel von Laon (1112/16) hat der Kommunegedanke eine starke Verbreitung gefunden.[4]
An dritter Stelle der Kommunebewegung rangiert die Gruppe der rheinischen Bischofsstädte, unter denen Worms (1073), Köln (1074) und Mainz (1077) herausragen, wobei erst die erneute Zuspitzung um 1105/06 und 1110/12 in diesen Städten Gemeindeverbände hervortreten ließ, die man als entstehende Kommunen ansehen kann.[5] In den Städten Flanderns, der vierten Gruppe,

setzte die Kommunebildung im Laufe des 12. Jahrhunderts ein. Die letzte Gruppe, die der englischen Städte, wurde mit einer gewissen Verzögerung am Ende des 12. Jahrhunderts von der kommunalen Bewegung erfasst.

Die Kommunebewegung erwuchs aus mehreren Wurzeln. „Zu diesen zählten an erster Stelle die seit dem 10. Jahrhundert starke Bevölkerungszunahme und damit verbunden das rasche Anwachsen städtischer Siedlungen. Gleichzeitig vollzog sich ein lebhafter Aufschwung der Handelsbeziehungen im großräumigen Maßstab sowie eine Differenzierung von Handwerk und Gewerbe bei zunehmender Marktorientierung und Lösung aus grundherrschaftlichen Bindungen."[6] Umstritten ist, ob die kommunale Bewegung des hohen Mittelalters etwas „revolutionär Neues" oder eine kontinuierliche Fortentwicklung älterer Verhältnisse darstellt. Susan Reynolds ist Anhängerin des letztgenannten Interpretationsansatzes: „Hat man erst einmal die Kräfte kollektiver Verhaltensweisen im mittelalterlichen Leben generell erkannt, dann erübrigt sich die Notwendigkeit, nach den Ursprüngen der Stadtgemeinde in der kommunalen Bewegung des 12. Jahrhunderts zu suchen oder zu argumentieren, daß sich diese von bestimmten Institutionen herleite, von der Gilde, der Kommune oder dem Konsulat einerseits oder den Formen feudaler Herrschaft andererseits. Die Grundlage der Stadtgemeinde wie auch der zentralen Landgemeinde war die geographische Nachbarschaft, gestützt durch die traditionellen Praktiken von Recht und Lokalherrschaft. Die Städte erlangten im 12. und 13. Jahrhundert nicht aufgrund neuer genossenschaftlicher Bewegungen oder neuer politischer Ideen erweiterte Freiheitsrechte, sondern aufgrund neuer wirtschaftlicher und politischer Bedingungen."[7] K. Schulz macht zu Recht darauf aufmerksam, dass „die Tatsache, daß sich das abendländische Städtewesen vom 11. zum 12. Jahrhundert so entscheidend verändern und das Bürgertum als eine neben Adel und Kirche neue und selbständige Kraft herausbilden konnte", ohne Erklärung bleibt.[8] Auch die faktische Tragweite dieses Prozesses im 11. und 12. Jahrhundert könne unterschätzt werden, wenn man die Gemeindebildung lediglich als kontinuierliche Fortsetzung von älteren Entwicklungen deute.[9]

Die Wurzeln der städtischen Entwicklung in Magdeburg seit karolingischer Zeit sind in der Funktion des Ortes als befestigter Platz, als Burgort, und des sich parallel oder infolge der Befestigung entwickelnden Marktverkehrs, begünstigt durch die Lage an einer Elbfurt, zu sehen. Die Frage, ob der Markt-

verkehr sich bereits vor der Erteilung ottonischer Privilegien entwickelte oder erst durch sie, ist in diesem Zusammenhang zu vernachlässigen.[10] Durch den aufblühenden Marktverkehr im Schutze der ottonischen Königs- bzw. Kaiserpfalz angezogen, wurden Kaufleute, die Magdeburg bis dahin lediglich als Durchgangsstation für ihren Handel angesehen hatten, ansässig. Aus diesen sich ansiedelnden Kaufleuten bildete sich eine Kaufmannsgemeinde, „eine Gemeinde der negotiatores et Judaie".[11] S. Rietschel fragt danach, welcher Personenkreis sich hinter den „negotiatores" verbirgt und kommt zu dem Schluss, dass es sich nicht nur um Kaufleute, sondern auch um Handwerker handeln muss.[12] Als Begründung führt er an, dass der freie Handwerker „Spekulationserwerb" trieb, indem er sein Rohmaterial einkaufte, um die daraus entstehenden Fertigprodukte wieder zu verkaufen.[13]
Diese Begründung ist allerdings allgemeiner Natur und nicht speziell auf die Magdeburger Situation zugeschnitten. Letztlich bleibt nur die Vermutung, dass sich hinter den „negotiatores" auch Handwerker verbergen. Da zu einer sich entwickelnden Marktsiedlung zweifellos auch Handwerker gehören, entbehrt diese Annahme nicht einer gewissen Wahrscheinlichkeit. Eine vertikale soziale Schichtung der Bevölkerung dieser frühstaatlichen Marktsiedlung ist für das 10. und auch 11. Jahrhundert nur schemenhaft erkennbar. A. Hagedorn hat den Versuch unternommen, in sich zusammenhängende Gruppen in der sich bildenden Magdeburger Stadtgemeinde des 10. und 11. Jahrhunderts zu definieren. Er unterscheidet deren vier:

1. Leibeigene, Liten, Colonen
2. Ministerialen
3. Juden
4. Freie Kaufleute[14]

Zu Gruppe 1: Diese Gruppe sieht Hagedorn zur Zeit Ottos des Großen von einem Abhängigkeitsverhältnis, das allerdings nicht klar zuzuordnen ist, in ein anderes übergehen, das nun als Herrschaft das neu geschaffene Moritzkloster ausweist.

Zu Gruppe 2: Die Ministerialen erlebten zu den Zeiten Ottos des Großen einen starken Aufschwung, sowohl was ihre innere Geschlossenheit als auch ihre soziale Stellung und ihren Einfluss im Erzbistum anging. Auch nach der Zeit Ottos des Großen hält der Aufstieg der Ministerialen als Gruppe an. So werden die Ministerialen unter den Regierungen Gisilhers und Geros in enger

Verbindung mit dem Erzbischof genannt.[15] Die Ministerialen waren mit dem Domkapitel gemeinsam berechtigt, die Wahl eines neuen Erzbischofs vorzunehmen, während die Investitur in der Hand des Königs lag.

Zu Gruppe 3: Wenig verlautet über die Juden in Magdeburg. Erstmalig im Zusammenhang mit den „negotiatores" im Jahr 965 erwähnt, sind sie als eigene Gruppe spätestens von diesem Zeitpunkt an am Ort Magdeburg ansässig gewesen. Etwas Näheres erfahren wir aus einer Urkunde des Jahres 979, in der eine weitere Stärkung der stadtherrlichen Funktion des Magdeburger Erzbischofs zum Ausdruck kommt.
„Kaiser Otto gewährt auf Bitten Adalberts, Erzbischofs … von Magadaburg, aus geistlichen Beweggründen und zum Seelenheil seines Vaters, dessen Leichnam in der St. Moritzkirche daselbst ein Grabmal erhält …, den Erzbischöfen den Königsbann über alle Kaufleute, Juden und andere Leute, welche sich in der Stadt Magdeburg und in den Vorstädten aufhalten und soll kein Graf, Vogt oder irgend Jemand Anders über jene Leute irgend eine richterliche Gewalt haben und ausüben außer dem von den Erzbischöfen freigewählten Vogt."[16]
Man kann diesem Text entnehmen, dass es in Magdeburg bereits im 10. Jahrhundert neben der „civitas" auch ein „suburbium" gegeben hat, in dem aber offensichtlich nicht die Juden unter sich lebten, sondern Kaufleute, Juden und andere Leute, also eine gemischte Bevölkerung. Dennoch könnte hier bereits andeutungsweise eine Trennung der Juden vom Rest der Bevölkerung angesprochen sein. Magdeburg gehört mit der seit 965 nachweisbaren Existenz von Juden als Bestandteil der Bevölkerung zu den ältesten deutschen Städten mit jüdischer Gemeinde.

Zu Gruppe 4: In den schon erwähnten Urkunden von 965 und 979 werden Kaufleute und Juden als eine kohärente Gruppe angesprochen. Rietschel macht glaubhaft, dass mit den „negotiatores" auch Handwerker gemeint seien, die das Rohmaterial für ihre zu fertigenden Produkte kauften und das fertige Produkt selbständig verkauften.[17] In dieser Kaufleutegruppe, zu denen auch die Juden zählten, haben wir wohl die einzige freie Gruppe innerhalb der Magdeburger Bevölkerung vor uns. „Die Stellung, welche die christlichen Kaufleute in den Privileg von 965 einnehmen, die ausdrückliche Hervorhebung in der Urkunde Ottos II. von 979, daß nach der Verleihung des Königsbannes an die Magdeburger Kirche neben den Juden gerade sie es sind, über welche in Zukunft der Vogt derselben die Jurisdiction üben soll, zeigt, daß sie vorher ohne Vermittlung eines Dritten vor dem Richterstuhle des ordentlichen öffentlichen Beamten, des Grafen, zu Recht standen, daß sie also als persönlich freie Leute galten."[18] Unklar ist, ob diese Gruppe der persönlich freien Kaufleute abgabenpflichtig war, etwa in dem Sinne, dass sie dem Stadtherrn für seine Unterschutzstellung Geld zahlten, unklar ist auch, ob sie für eventuell überlassene „Haus- und Hofstellen" grundzinspflichtig waren.[19] Wichtig ist die Feststellung, dass die Kaufleute nicht in die rechtliche Abhängigkeit des Mauritiusklosters gerieten, sondern in einer direkten Beziehung zum Stadtherrn standen.[20]

Über die große Bedeutung der Magdeburger Kaufleutegruppe in ottonischer Zeit kann es keinen Zweifel geben, da Otto II. den Kaufleuten aus Magdeburg am 26. Juni 975 Zollfreiheit im ganzen Reich zusichert.[21] Dieses Zollprivileg kam auf Anregung des Magdeburger Erzbischofs Adalbert zustande. Man geht sicher nicht zu weit in der Annahme, wenn man die Magdeburger Kaufleute selbst hinter der „Intervention" des Erzbischofs vermutet. Aus dem Passus „quale noster pius genitor suis temporibus concessit habere" geht weiterhin hervor, dass dieses Privileg nicht von Otto II. erstmalig vergeben worden war, sondern auf dessen Vater, Otto I., zurückzuführen ist.

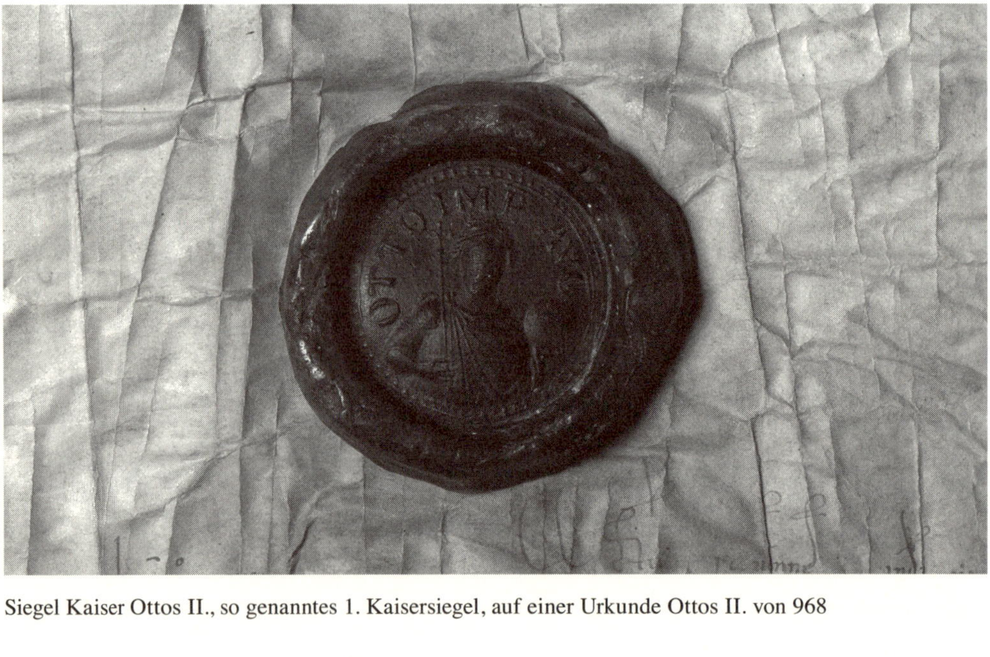

Siegel Kaiser Ottos II., so genanntes 1. Kaisersiegel, auf einer Urkunde Ottos II. von 968

Hagedorn betont zu Recht, dass das Privileg von 975 nicht dem Erzbischof für seine Kaufleute bewilligt wurde, sondern den Kaufleuten von Magdeburg, „mercatoribus Magadeburg habitantibus“, selbst.[22] „Sie erscheinen also gleichsam als eine selbständige Genossenschaft, welcher besondere Rechte verliehen werden. Es geschah freilich auf Bitten des Erzbischofs. Wenn dieser sich aber bei Otto II. dafür verwandte, so handelte er doch auch wesentlich in seinem eigenen Interesse: blühten Handel und Verkehr in seiner Stadt, so waren seine Einkünfte aus Zoll, Münze, Markt und Gericht um so größer.“[23] Die bei Thietmar erwähnte „ecclesia mercatorum“[24] macht deutlich, dass die Gruppe der Kaufleute in Magdeburg auch zahlenmäßig nicht unbedeutend war. Über die Ausdehnung des Handels der Magdeburger Kaufleute erfahren wir aus dem Privileg immerhin, dass sich dieser nicht nur auf die christlichen, sondern auch auf die „barbarischen“ Gebiete erstreckte. Das heißt, die Magdeburger Kaufleute nutzten ihre Grenzlage nach Osten, um mit den slawischen Ländern Handel zu treiben.

Die Bestimmungen Ottos II. für Magdeburg von 975 und 979, zu denen auch die Privilegienbestätigung von 973 für die erzbischöfliche Kirche[25] hinzutritt, gehen alle auf Festlegungen Ottos I. zurück und zeigen, welch tragfähige Grundlage durch Otto den Großen für die Entwicklung Magdeburgs hin zu einem urbanen Gemeinwesen mit zentralörtlicher Funktion gelegt worden ist. Zwei Faktoren sind hier besonders zu nennen.

1. Durch die Gründung des Erzbistums und die danach folgenden Bestimmungen war die Herrschaft über die Stadt vom Kaiser auf den Erzbischof übergegangen, was von Otto II. nochmals bestätigt wurde.
2. Die Kaufmannschaft Magdeburgs ist durch die Urkunden von 965 und 975 nicht nur als Gruppe genannt worden, sondern tritt zumindest 975 als Empfänger eines Privilegs in Erscheinung, was wiederum auf ein älteres Privileg Ottos des Großen, das sich wohl nicht erhalten hat, zurückgeht. Damit ist eine gleichsam verfasste Gruppe von Einwohnern Magdeburgs bereits im 10. Jahrhundert greifbar, von der aus zunächst im Zusammenhang mit dem erzbischöflichen Stadtherrn die entscheidenden Impulse zur Stadtwerdung Magdeburgs in der Folge kommen sollten. Hierauf weist schon das Privileg von 975 unzweideutig hin, in dem Erzbischof Adalbert und andere Vasallen als Initiatoren des kaiserlichen Privilegs auftreten und diese Initiative ganz unzweideutig von den Magdeburger Kaufleuten erwirkt worden ist.

Erste korporative Umrisse der Magdeburger Bürgerschaft sind also bereits in der Zeit Ottos I. und Ottos II. erkennbar. Es ginge sicherlich zu weit, von ratsähnlichen Formen zu sprechen, aber hier sind die Wurzeln zu suchen, aus denen Magdeburg als Stadt im Rechtssinne im 12. Jahrhundert hervorgegangen ist.

Das Magdeburger Gemeinwesen hat sich im weiteren Verlauf des 10. und des 11. Jahrhunderts weiterentwickelt, auch wenn der Ort nach der Zeit der sächsischen Herrscher, also nach 1024, aus dem Zentrum der Reichspolitik wieder mehr an den Rand des Reiches rückte. Diese Entwicklung hatte sich bereits bei den Nachfolgern Ottos des Großen angebahnt, die Magdeburg offensichtlich nicht mehr die zentrale Rolle wie zu seinen Zeiten zudachten.[26]

Der Aufstand der Elbslawen von 983 hat wohl Magdeburg nicht direkt betroffen, machte aber deutlich, dass der Ort sich nach wie vor in einer gefährdeten Randlage befand.[27] Im 11. Jahrhundert sind als Gruppe nur die Kaufleute in den Urkunden fassbar. Auch der Markt zu Magdeburg wird erwähnt.[28] Ein Zugewinn an Rechten lässt sich für die Magdeburger Kaufleute allerdings nicht feststellen. Vielmehr ziehen die Kaufleute anderer aufblühender Kommunen nach: „König Heinrich III. nimmt die Kaufleute von Quedlinburg nach dem Beispiel seines Vaters in seinen Schutz und gestattet ihnen im ganzen Reiche freien Handel zu treiben und nach demselben Rechte zu leben wie die Kaufleute zu Goslar und zu Magdeburg."[29] Die Urkunde datiert vom 25. Juli 1040 und wurde in der Pfalz Tilleda ausgestellt.

Das 11. Jahrhundert ist in Magdeburg, was die Entwicklung der bürgerlichen Gemeinde betrifft, von einer bemerkenswerten Quellenarmut gekennzeichnet. Daraus kann gefolgert werden, dass Magdeburg im Reich Heinrichs II. und der nachfolgenden salischen Kaiser vor allem als geistliches Zentrum und Stützpunkt kaiserlicher Politik eine Rolle spielte und die frühstädtische Entwicklung nach Erteilung der wichtigsten Handelsprivilegien unter den Ottonen nun in eine langgestreckte Konsolidierungsphase überging. Eine Reliquientranslation des heiligen Mauritius durch den letzten Sachsenkönig und -kaiser, Heinrich II., im Jahr 1004 für Magdeburg, ein Vorgang von großer politischer Bedeutung, macht deutlich, dass Magdeburg auch im Denken der nachottonischen Herrscher trotz gesunkenen Stellenwertes eine nicht unerhebliche Bedeutung behielt.[30]

„Die Schenkung der Reliquien an den Dom ist ein Zeichen dafür, daß Heinrich II. Magdeburg eine ähnliche Rolle zudachte wie Otto I. Es ist auffällig, daß Heinrich II. mehrfach auf die Gründung Magdeburgs durch Otto I. Bezug nahm; er äußerte die Absicht, das Werk seines großen Vorgängers fortzusetzen. Der König bezeichnete Magdeburg als den Ort, den er aus ganzem Herze liebe. Mehrfach bekundete der König seine Sympathie für Sachsen."[31]

Dass Magdeburg zu Beginn des 11. Jahrhunderts sich nach dem Slawenaufstand wieder gefestigt hatte und seine Aufwärtsbewegung weiter fortsetzte, wird auch in der Einschätzung Bruns von Querfurt in der Adalbertsvita deutlich, die in diesen Jahren entstand und Magdeburg in die Position einer „neuen Hauptstadt der Deutschen" rückte.[32]

Auf eine Bevölkerungsvermehrung in Magdeburg lassen Klostergründungen in der Zeit Erzbischof Geros (1012–1023) schließen. In seiner Zeit werden die beiden Kollegiatstifte St. Sebastian und St. Marien, das spätere Kloster Unser Lieben Frauen, gegründet.[33] St. Sebastian ist zunächst als zweite Johanniskirche zwischen 1012–1023 gegründet worden, später wurde das Sebastiansstift aus der Kirche.[34]

Es wird nicht deutlich, ob im Laufe des 11. und zu Beginn des 12. Jahrhunderts die Bevölkerung Magdeburgs neben der vermuteten Vermehrung auch Fortschritte in der „vorkonstitutionellen Phase" in Hinsicht auf einen höheren Organisationsgrad der Bürgerschaft durchlaufen hat, wobei Aussagen über die Verfassungsstruktur Magdeburgs im 11. und 12. Jahrhundert aufgrund der Quellenarmut nur mit großer Vorsicht zu machen sind.[35]

III. Der Aufstand gegen Erzbischof Norbert 1129

1126 wurde der Gründer des Prämonstratenserordens, Norbert von Xanten, Erzbischof von Magdeburg.[1] Die sich anschließenden acht Jahre bis zu seinem Tod am 6. Juni 1134 waren konfliktreich wie kaum ein anderes Episkopat eines Magdeburger Erzbischofs bis zu diesem Zeitpunkt. Ein Grund für diesen Umstand dürfte in der kompromisslosen Härte Norberts gelegen haben, mit der er seine Ziele durchzusetzen pflegte. Schon seine Investitur 1126 ging nicht konfliktfrei vonstatten. Das Magdeburger Domkapitel hatte sich für Konrad von Querfurt entschieden, die Parteinahme König Lothars III. und des Papstes Honorius II. für Norbert gab dann aber den Ausschlag für ihn.[2] „Bei seiner Erhebung zum Erzbischof war Norbert ein weithin bekannter und angesehener Mann."[3] Seine größte Leistung hatte er mit der Gründung von Prémontré, des Prämonstratenserordens, bereits vollbracht. Am 16. Februar 1126 hatte Norbert die Bestätigung seines Ordens durch Papst Honorius II. erreicht. Norbert widmete sich als neuer Erzbischof von Magdeburg sofort der wirtschaftlichen Lage des Erzbistums, die sich als desolat herausstellte.[4] Offensichtlich waren unter seinen Vorgängern Misswirtschaft und Usurpation von erzbischöflichen Gütern in größerem Umfang vorgekommen. Der Versuch der Rückgewinnung der verlorenen Güter brachte Norbert in Konflikt mit dem Adel, wobei der Magdeburger Erzbischof nicht zögerte, auch die Verhängung des Banns als Machtmittel einzusetzen. „Allerdings gaben die Schuldigen weniger aus Angst um ihr Seelenheil als aus höchst weltlichen Gründen nach: wer sich länger als ein Jahr im Bann befand, verlor die Fähigkeit, vor Gericht aufzutreten."[5]

Das Verhältnis zur Geistlichkeit verschlechterte sich, als Norbert das im Investiturstreit geforderte Verbot der Priesterehe durchzusetzen versuchte, indem er die Geistlichen zwang, entweder ihre Ehen aufzuheben oder ihre kirchlichen Pfründe aufzugeben.[6] Zu regelrechten Unruhen kam es 1129, als Norbert daranging, das Kloster Unser Lieben Frauen in Magdeburg in ein Prämonstratenserkloster umzuwandeln, um seinen Orden nun auch im Osten des Reiches zu etablieren. Dieses Reformwerk, das am Ende gelang, machte aus Magdeburg das „Prémontré des Ostens"[7] und wird in einer Gedächtnisplatte für den hl. Norbert aus dem späten 16. Jahrhundert, die sich an der rechten Wand des Querhauses befindet, im Kloster Unser Lieben Frauen gewürdigt.

„Norbert, aufgrund der von Gott verliehenen Gnade zum Erzbischof der heiligen Magdeburger Kirche eingesetzt, rief den Prämonstratenser-Orden ins Leben und reformierte dieses Kloster. Er starb am 6. Juni 1134 und wurde unter diesem Marmorstein beerdigt."[8]

Es lohnt sich, dem Konflikt zwischen Erzbischof Norbert und der Magdeburger Bürgerschaft nachzugehen, weil in diesen Auseinandersetzungen zum Ausdruck kommt, dass sich der Organisationsgrad der Bürgerschaft gegenüber dem 10. Jahrhundert erheblich weiterentwickelt hatte und die Berufung der Bürger auf die durch Otto den Großen geschaffene Situation einen hohen Stellenwert hatte.

Die Verwerfungen, die Norberts Umwandlung des Klosters Unser Lieben Frauen mit sich brachte, drückt die Magdeburger Schöppenchronik so aus:
„Ein Krieg unter den Bürgern und dem Bischof Norbert. Der Dom wurde wieder geweiht.
Im Jahr 1129 erhob sich ein Krieg unter den Bürgern zu Magdeburg und dem Bischof Norbert. Der kam davon, daß dem Bischof gesagt worden war, daß der Dom mit Unkeuschheit befleckt worden wäre. Darauf sandte er nach dem Bischof von Meißen und dem Bischof von Havelberg und weihte den Dom wieder. So brach ein Sturm los, wie hier geschrieben steht. Das geschah am 30. Juni."[9]
Diese Unruhe scheint nicht in direktem Zusammenhang mit der Umwandlung des Klosters Unser Lieben Frauen gestanden zu haben, da diese erst am 29. Oktober 1129 beurkundet worden ist.[10] Die Anzeichen deuten allerdings darauf hin, daß Aktivitäten Norberts schon im Vorjahr die Ansiedlung der Prämonstratenser in Magdeburg zum Ziel hatten.[11] Die „Vita Sancti Norberti Archiepiscopi Magdeburgensis" (so genannte Vita A) enthält einen ausführlichen Bericht über die Unruhen im Jahre 1129 in Magdeburg. In dieser Schilderung ist die Entweihung des Doms und seine neue Weihe durch Erzbischof Norbert eine Episode in einer Reihe von Vorfällen und Konflikten, die sich an der Vorgehensweise des Magdeburger Metropoliten entzündeten. Da die Vita Norberts als eine glaubwürdige Quelle, was die historischen Fakten angeht, gilt,[12] ist es durchaus angebracht, diesem Bericht nachzugehen. Folgendes hat sich danach im Jahr 1129 in Magdeburg zugetragen:[13]
„Am Gründonnerstag begehrte ein junger Mann im Büßergewand Einlaß im Magdeburger Dom. Schließlich ließ man ihn herein, und der mißtrauisch

gewordene Erzbischof Norbert befahl den Hausdienern, ihm den Mantel abzunehmen, worauf ein langes, scharfes Messer zum Vorschein kam. Und als man ihn fragte, warum er mit dieser Waffe käme, fiel er zitternd und wie betäubt und in Todesangst Norbert zu Füßen und gab zu, daß er geschickt sei, ihn zu töten. Als er die Namen derer nannte, die ihn zu dieser ungeheuerlichen Tat angestiftet hatten, erhob sich allgemeines Staunen, denn es stellte sich heraus, daß die Schuldigen an diesem Verrat Angehörige der Bischofskirche waren, enge Mitarbeiter, auf deren Wink die Staatsgeschäfte geführt wurden."[14] Norbert gab sich auf diese Entdeckung hin versöhnlich. „Ein andermal versuchte einer seiner Hausgeistlichen, ihn, als er des Nachts mit seinen Klerikern zur Feier der Matutin hinausging, mit einem Messer zu erstechen. Irrtümlicherweise stach er jedoch auf einen der Kleriker los und schlitzte ihm das ganze Gewand auf. Als dieser schrie, er sei verwundet, merkte der Messerstecher an der Stimme, daß es nicht der Erzbischof war, und sagte: ‚Ich dachte, das wärst nicht du sondern der, den ich umbringen wollte.' Der Erzbischof war nämlich zwanglos mitten unter den anderen gegangen, da er, so als ob er Künftiges vorauswisse, mit einem solchen Vorfall schon gerechnet hatte."[15]
Auch in diesem Fall reagiert Norbert mit Milde. Danach ereignet sich ein Vorfall, „der unerwartete Verwirrung stiftete. In der Domkirche nämlich war etwas vorgekommen, was nach den kanonischen Satzungen offensichtlich eine Entsühnung der Kirche erforderlich machte. Während die Großen der Stadt das bestritten, indem sie erklärten, die Weihe, die aus der Machtvollkommenheit vieler Könige und Bischöfe vorgenommen worden sei, brauche nicht wiederholt zu werden, hielt ihnen Norbert entgegen, er werde dort niemals mehr die heiligen Geheimnisse feiern, wenn nicht der Fluch von dieser Kirche genommen würde."[16]
Erzbischof Norbert gab daraufhin öffentlich bekannt, dass man ihn hindere zu tun, was in solchen Fällen seit Alters her getan werden müsse. Mit der Unterstützung zweier Bischöfe[17], des Dompropstes und einer großen Anzahl geistlicher Brüder nahm Norbert dennoch die Handlung der Neuweihe vor. „Als sie das Werk vollendet hatten und noch in ihren heiligen Gewändern waren, wurde draußen ein wildes Geschrei und eine lärmende Menschenmenge vernehmbar. Die ganze Stadt nämlich war in helle Aufregung geraten durch das Gerücht, der Erzbischof habe die Altäre erbrochen, die Schatzkammer eröffnet, Schreine und Behältnisse herausgenommen und für sich beiseitegestellt, und wolle mit allem und mit dem ganzen Kirchenschatz noch in dieser Nacht im Schutz der Dunkelheit entweichen. Das wilde Geschrei der

Menge versetzte alle, die bei dem Gottesmann waren, in Schrecken; er selbst jedoch wollte furchtlos zum Volk hinausgehen. Die Seinen aber hinderten ihn daran und sagten, diese aufgebrachte Volksmenge[18] könne man zu nächtlicher Stunde nicht so leicht beruhigen. Und sie nötigten ihn, sich in das Stadthaus nach oben zurückzuziehen, welches vor Zeiten von Kaiser Otto eigentlich als Turm einer Kirche erbaut worden war. Diese Kirche hatte der Kaiser zu bauen begonnen, an ihrer Vollendung aber hatte ihn der Tod gehindert. Hier ließen sich Norbert und die, die bei ihm waren, nieder, noch immer mit den heiligen Gewändern bekleidet. In diesem Turm nun feierten sie die Matutin (Frühgebet) zu Ehren des heiligen Paulus, dessen Fest man gerade beging, und sangen das Lob Gottes, während das Tosen der Masse, die sie belagerte, lauter und lauter wurde."[19]

In den folgenden Stunden blieb Norbert standhaft und zuversichtlich und sprach den mit ihm Eingeschlossenen immer wieder Mut zu. Am Morgen stürmten einige den Turm. Sie meinten, den Erzbischof getötet zu haben, erschraken aber, als sie ihn im Ornat erblickten. Sie fielen nieder, baten um Verzeihung und wurden, als diese ihnen gewährt wurde, zu seinen Beschützern. Der Kampf ging aber weiter. Nachrückende Aufständische verletzten einen der bischöflichen Leute schwer. Dessen Blut spritzte an die Mitra. „Während das geschah, holten einige, die an diesem Aufstand unbeteiligt zu sein schienen, aus den Kirchen Reliquien und stellten sie mittendrin auf. Dabei sagten sie, es sei fluchwürdig, daß der Hirte von seiner Herde bekämpft werde. Das war aber Heuchelei, eine Menschenfreundlichkeit, die in Wirklichkeit Falschheit war. Denn auch sie wollten ihn in dieser bedrängten Lage dazu zwingen, seine Brüder aus der Kirche der heiligen Maria abzuziehen, die er, wie erwähnt, an dieser Kirche eingesetzt hatte. Er aber lehnte das entschieden ab und erklärte, diese Tatsache könne, solange er lebe, nicht mehr rückgängig gemacht werden, weil das, worüber sie sich beschwerten, durch kaiserliches Machtwort und apostolische Vollgewalt bekräftigt worden sei. Während man nun auf eine Entscheidung der Dinge und das Ende dieses schweren Aufstands wartete, kam der Burggraf des Weges und mischte sich wie einer, der von dem Vorfall nichts wußte, unter die aufgebrachte Menge, zog die Streitenden voneinander ab und bestimmte einen Termin, wo alle, die eine gerechte Klage gegen den Bischof hätten, erscheinen und Recht nehmen sollten. Jene zogen sich auf des Richters Befehl zurück."[20]

Norbert zelebrierte daraufhin die heilige Messe und zog sich in sein „palatium" (Pfalzgebäude) zurück.

Aber noch immer gärte es im Volk. „Vielmehr beschwerten sie sich, genarrt worden zu sein, weil der ehrwürdige Priester ihren Nachstellungen entkommen war. Daher faßten sie bei sich den festen Beschluß, daß zu dem angesetzten Termin ein jeder in angetrunkenem Zustand erscheinen solle, damit, wenn durch sie etwas Unrechtes geschehe, dies eher auf Trunkenheit als auf Vorsätzlichkeit zurückgeführt werden müßte. Weiter bestimmten sie, wenn einer diesen Beschluß mißachte, solle sein Haus enteignet werden. Das wurde den Großen des Landes gemeldet, die den Erzbischof offensichtlich schätzten, weil sie wußten, daß er ein gerechter und heiliger Mann war. Sie rieten ihm daher, zeitweilig zurückzuweichen. Norbert aber lehnte das ab und blickte voll Freude der Palme des Martyriums entgegen. Als der Tag anbrach, auf den die Gerichtsverhandlung angesetzt war, siehe, da erhob sich in der Stadt auf ein Zeichen hin ein ungeheures Geschrei. Als sich der Bischof erkundigte, was das sei, bekam er zur Antwort, ein großer Volkshaufen (populus multus congregatus) habe sich zusammengerottet und versuche, die Brüder aus der Kirche der heiligen Maria zu vertreiben. Da lächelte er und sprach: ‚Das geht nicht, weil doch die Pflanzung, die der himmlische Vater gepflanzt hat, nicht ausgerissen werden kann.' Da nun das Volk schon zusammenlief, mußte er notgedrungen weichen und begab sich auf vorsorglich bereitgehaltenen Reittieren hinaus zur Abtei Sankt Johann Baptist in der Vorstadt."[21]

Norbert zog von dort zur Burg Giebichenstein bei Halle, in die er aber nicht gelassen wurde, weil seine Feinde die Burg bereits besetzt hatten. Er begab sich daher in das Kloster Neuwerk in der Nähe des Giebichensteins.[22] „Hier verweilte er mehrere Tage und betete zu seinem Gott, er möge gnädig seinen Weg lenken, wie es ihm wohlgefällig sei. Während er nun hier im Geist der Demut und Zerknirschung weilte, wurden durch Vermittlung einiger Getreuer auf Gottes Geheiß die Dinge friedlich beigelegt. Die Gegner nämlich fanden sich zu jeder Art Genugtuung bereit und demütigten sich vor ihm. Norbert nahm sie in Sanftmut auf und verlangte von ihnen nur das eine, sie sollten es über sich bringen und sich mit seinem verwundeten Ritter aussöhnen. Jene gingen mit Freuden darauf ein, setzten dem Ritter das zerstörte Haus wieder instand und zahlten ihm für seine Wunde 40 Mark Silber. Darauf wurde dem Bischof die Burg geöffnet, die er bei seiner ersten Ankunft verschlossen gefunden hatte, und er hielt, umringt von zahlreichen Adeligen, in allen Ehren seinen Einzug. Das ganze Volk prieß Gott wegen der Standhaftigkeit eines solchen Bischofs, der aus so offenkundiger Lebensgefahr ohne Schaden an

Leib und Seele unbesiegt hervorgegangen war. Das geschah im 3. Jahr seiner Regierung als Erzbischof. Danach regierte er noch fünf Jahre …“[23]

Um den Charakter des Aufstandes gegen Erzbischof Norbert näher bestimmen zu können, muss noch einmal auf die Geschehnisse eingegangen werden, da trotz des ausführlichen Berichtes in der Vita A (und der Vita B) noch manche Unklarheit bleibt, zumal in einigen Detailfragen andere Quellentexte Abweichungen zur Vita A aufweisen.

Die Norbertviten enthalten als einzige Quellen die Nachricht von den beiden Mordversuchen an Erzbischof Norbert.[24] Diese Mordversuche lagen demnach vor dem Aufstand, der am 29. Juni 1129 losbrach.[25] Diese gescheiterten Attentate zeigen, dass bereits vor dem Vorfall, der den Aufstand auslöste, nämlich der Neuwidmung des Magdeburger Doms, und vor der Vollendung der Umwandlung des Klosters Unser Lieben Frauen am 29. Oktober 1129 in ein Prämonstratenserkloster Spannungen zwischen Teilen der Magdeburger Bevölkerung und dem Erzbischof existierten. Das bereits erwähnte schroffe Vorgehen des Erzbischofs in vielen Angelegenheiten und Mentalitätsunterschiede können eine Ursache für die Entfremdung zwischen Norbert und der Bevölkerung Magdeburgs gewesen sein. Schwineköper fasst diese Problematik so zusammen:

„Eine andere Frage ist, ob der künftige Erzbischof mit der Heidenmission und den Problemen seiner Kirchenprovinz bereits beim Regierungsantritt vertraut war. Es ist nicht ausgeschlossen, daß er während seiner Tätigkeit am Hofe und in der Kanzlei Kaiser Heinrichs V. die politischen Verhältnisse an der Elbe kennengelernt hatte, denn der Kaiser war gerade in dieser Zeit genötigt, in Sachsen und den östlichen Grenzgebieten einzugreifen. Daß Norbert seinen späteren Sprengel damals bereits persönlich aufgesucht hat, ist zwar nicht ausgeschlossen, aber nach allem, was wir wissen, unwahrscheinlich. Er hätte sich sonst später nicht so schroff gegenüber den ihm anvertrauten Gläubigen verhalten. Auch über die Probleme der Christianisierung der Slawen scheint er nicht gut unterrichtet zu sein. Deshalb müssen ihm die im Grenzkampf hartgewordenen Menschen seiner Erzdiözese barbarisch und fremd vorgekommen sein, als er zu ihnen an die Elbe kam. Ähnlich empfanden wohl auch die ihn begleitenden Prämonstratenser, von deren späteren Leistungen bei der Missionierung der östlich der Elbe gelegenen slawischen Gebiete damals noch nichts zu erahnen war. Noch in der Vita Norberti B spürt man die Abneigung der aus dem Westen kommenden Ordensleute gegen das Land an der mittleren Elbe und seine Bewohner."[26]

Es ist aber sicher nicht ausreichend, Mentalitätsunterschiede für Mordversuche und den darauf folgenden ersten Aufstand in der Geschichte Magdeburgs gegen den eigenen Herrn verantwortlich zu machen. Der Schlüssel für die Erklärung der Ursache dieser Unruhen liegt wohl in der von Norbert angestrebten Umwandlung des Klosters Unser Lieben Frauen von einem Kollegiatstift in ein Prämonstratenserkloster. Norbert wird wahrscheinlich schon geraume Zeit vor dem 29. Oktober 1129 mit der Realisierung dieses Zieles begonnen haben. Er befand sich damit im Konflikt mit den wahrscheinlich zwölf Angehörigen des Kollegiatstiftes, die Mitglieder der Adelshäuser waren, die im Domkapitel und in den Stiften über großen Einfluss verfügten.[27] „Selber reformunwillig, hintertrieben sie seine Reformpläne."[28] Die Frage, ob nur fehlender Reformwille auf Seiten der Stiftsangehörigen für den Konflikt ursächlich war, ist durchaus zu stellen. Norbert hatte in der desolaten wirtschaftlichen Lage des Klosters Unser Lieben Frauen einen ihm möglicherweise willkommenen Ansatzpunkt gefunden, das Kloster den Prämonstratensern zu übergeben.[29] Die Bitte des Konventes, dem Kloster zu helfen, ignorierte Norbert.[30] Man kann aus diesem Verhalten der Kanoniker schließen, dass man durchaus die eigene schwierige Lage erkannte und möglicherweise auch zu Reformen innerhalb des bestehenden institutionellen Zusammenhanges bereit war. Norbert aber hatte seinen Entschluss gefasst und scheute sich nicht, neben der wirtschaftlichen Lage auch die sittliche Haltung der Kanoniker als Grund für die angestrebte Umwandlung des Stiftes Papst Honorius II. in Rom vorzutragen.[31] Ob es sich hierbei um einen berechtigten Vorwurf gegen die Kanoniker des Kollegiatstiftes handelte oder um bloße Verleumdungen, kann von der Quellenlage her nicht beurteilt werden. Sollte man aber in Magdeburg von der Argumentation Norberts dem Papst gegenüber im Vorfeld der Beurkundung vom 29. Oktober 1129 gehört haben, werden die Animositäten auf Seiten der Gegner Norberts sicher nicht geringer geworden sein.
Ein weiteres Argument, die Umwandlung des Klosters Unser Lieben Frauen als Hauptursache für den schweren Konflikt in Magdeburg im Jahr 1129 zu sehen, ist aus den Vorfällen im Zusammenhang mit der Neuweihe des Domes zu gewinnen. Die Ursache für das Begehren Norberts, den Dom neu zu weihen, liegt im Dunkeln. Der Dom sei mit „Unkeuschheit befleckt" worden und müsse daher neu geweiht werden. Der Erzbischof gab öffentlich dieses Vor-

Gedächtnisplatte für den Hl. Norbert (von Xanten) um 1582 im Kloster Unser Lieben Frauen Magdeburg

haben bekannt, worin jedoch der Frevel bestand und wer ihn begangen hatte, war von ihm nicht zu erfahren.[32] Man hatte von ihm verlangt, in einer Synode über die Schuldigen zu Gericht zu sitzen, und er hatte dies abgelehnt. Daraufhin formierte sich die Opposition, die die Vita A die „maiores civitatis" nennt. Diese Opposition argumentiert gegen die Neuweihe damit, dass eine Weihe, die von vielen Königen und Bischöfen vorgenommen worden ist, nicht mehr wiederholt werden muss. Wenn man hinzunimmt, dass ein Argument der Gegner Norberts gegen die Umwandlung des Klosters Unser Lieben Frauen lautete, die königlichen Rechte würden dadurch geschmälert,[33] verdichtet sich der Eindruck, dass in den „maiores civitatis" die Nachkommen der „optimi civitatis" zu sehen sind, die gut 150 Jahre zuvor von den ottonischen Kaisern als Verhandlungspartner, herausgehoben aus der sonstigen Bevölkerung, angesehen wurden. Das heißt, die „optimi civitatis", aus denen im 12. Jahrhundert die „maiores civitatis" geworden waren, haben an der Entwicklung des Magdeburger Gemeinwesens vom 10. Jahrhundert an mitgewirkt, und die Vorfälle im Jahr 1129 zeigen sehr deutlich, dass in dieser Gruppe das Bewusstsein über die eigene Bedeutung im Gefüge des Gemeinwesens, gesteigert durch das Wissen um die Anerkennung ihrer Geschlechter schon durch die Ottonen, stark ausgeprägt war. Die zweimalige Berufung auf königliche Rechte in Magdeburg gegenüber Norbert, der als Erzbischof die geistliche und weltliche Herrschaft im gesamten Erzbistum und damit auch in Magdeburg innehatte, ist ganz bewusst als Instrument zur Einschränkung erzbischöflichen Handelns ins Feld geführt worden. Norbert sollte deutlich gemacht werden, dass es Rechte gab, die wesentlich älter als das durch ihn verkörperte waren. Sie fußten auf Entscheidungen Kaiser Ottos des Großen und gingen damit in eine Zeit zurück, in der noch kein Erzbistum Magdeburg existierte und Magdeburg sich noch unumschränkt als „urbs regia" definieren konnte.

W. M. Grauwen beurteilt die Reaktion der Magdeburger Opposition in ihrer historischen Herleitung durchaus richtig, verkennt aber die politische Stoßrichtung, wenn er feststellt: „Die Gründe, die die Magdeburger anführten, wecken eher Verwunderung. Sie bestritten durchaus nicht, daß die Missetaten geschehen waren, auch nicht, daß diese Tatbestände ausreichend festgestellt und öffentlich bekannt waren. Ihre Bedenken kreisten nicht um die Vorschriften des kirchlichen Rechts. Sie äußerten ihr Unverständnis darüber, daß eine Domkirche, die aufgrund der Autorität so vieler Könige und Päpste geweiht worden sei, nun von neuem geweiht werden müsse. In dieser Stellungnahme klingt vor allem der Stolz der Magdeburger durch, die sich gern mit ihrer ruhmreichen Vergangenheit brüsteten. Das St. Mauritiuskloster war nämlich schon im Jahre 937 von König Otto I. gegründet und am 12. Februar 962 von Papst Johannes XII. zum Sitz eines Erzbischofs erhoben worden. Seitdem wurde dieses Erzbistum mit seinen Besitzungen noch durch viele päpstliche und königliche Urkunden bestätigt. Offensichtlich fühlten sich die Magdeburger gekränkt, weil dieser fremde Erzbischof, der noch keine drei Jahre bei ihnen war und vielleicht nicht einmal ihre ruhmreiche Vergangenheit kannte, behauptete, ihre Domkirche neu weihen zu müssen. Ihr Ärger war gefühlsmäßig bedingt. Er beruhte damit auf keiner logischen Grundlage, war aber desto eher dazu angetan, die einfache Volksmasse in Erregung zu versetzen."[34]

Zum ersten Mal in nachottonischer Zeit wird hier in der Bevölkerung Magdeburgs der Stolz auf die herausragende Rolle der Stadt im Reich der Ottonen spürbar. Die Einschätzung Grauwens, dass der Ärger der Magdeburger über die Politik Norberts auf „keiner logischen Grundlage" beruhte, muss vor dem Hintergrund der durch den Erzbischof verletzten Interessen eines Teiles der „maiores civitatis" durchaus in Zweifel gezogen werden. Die von Grauwen beobachtete, am Aufstand beteiligte „einfache Volksmasse" ist aus den Quellen nicht so eindeutig herauszulesen. J. Bauermann interpretiert die Quellen anders: „Auch fehlte es an der Resonanz in den breiteren Volksschichten fast völlig."[35] Tatsächlich enthalten die Berichte über den Aufruhr keinerlei quantitative und schon gar nicht Angaben über die soziale Zusammensetzung der Aufständischen. Eine genaue Charakterisierung der Unruhen ist von daher nicht möglich. Aber in groben Umrissen scheinen die Hintergründe dieses ersten Magdeburger Aufstandes doch durch. Claude fasst die Opposition gegen Norbert in drei Gruppen zusammen:

„1. Der Adel, den die Restitutionspolitik Norberts in die Opposition gedrängt hatte, der aber wohl vor Gewalttätigkeiten gegen die Person des Erzbischofs zurückschreckte.
2. Die Geistlichkeit: der höhere Klerus war über die Bevorzugung der Prämonstratenser beunruhigt. Das Domkapitel fürchtete, Norbert werde das Domstift nach der Prämonstratenserregel reformieren. Man erzählte sich, Norbert habe vom Papst eine Bulle erhalten, die ihn zur Reform des Domkapitels autorisierte.
3. Die Magdeburger Bürger, die zwar keinen erkennbaren Grund hatten, sich gegen Norbert zu erheben, die aber ebenfalls durch die Neuerungen ihres

> Oberhirten beunruhigt waren, wozu möglicherweise noch Einflüsterungen der Geistlichkeit und des Adels kamen."[36]

Die von Claude unter Punkt 2 erwähnte Befürchtung des Domkapitels, Norbert würde das Domstift nach der Prämonstratenserregel reformieren, stellt ein weiteres wichtiges Moment für die Einschätzung der Unruhen in Magdeburg dar. Ein zusätzlicher Aspekt verdient in diesem Zusammenhang Beachtung. Als Erzbischof Norbert daranging, den Dom zu weihen, und hierfür zunächst die Reliquien aus den Altären entfernt wurden, heizte die Befürchtung, Norbert wolle sich der Reliquien bemächtigen, um sie dem gerade in Umwandlung begriffenen Kloster Unser Lieben Frauen zu schenken, den losbrechenden Aufstand an.[37] Die Vorliebe Norberts für die Märtyrer der thebäischen Legion war bekannt – er war beim Auffinden der Reliquien des hl. Gereon in Köln 1121 beteiligt –, und es bestand daher die Furcht, er würde die Reliquien des Magdeburger Schutzpatrons, des hl. Mauritius, an sich bringen,[38] die von Otto I. selbst kurz vor der Gründung des Magdeburger Erzbistums beschafft worden waren. Die Frage nach der Berechtigung dieser Furcht ist nicht zu beantworten. Es gibt keine weiteren Hinweise darauf, dass Norbert tatsächlich eine Reliquientranslation plante. Es ist eher unwahrscheinlich, da auch ihm bewusst sein musste, dass er am Heiligsten rührte, was im Magdeburger Dom vorhanden war. Vor allem aber wäre er in einen kaum zu lösenden Konflikt zwischen seinem Amt als Erzbischof von Magdeburg, der natürlich die Bedeutung seiner Domkirche nicht durch einen von ihm veranlassten hochrangigen Reliquienverlust schmälern durfte, und seiner Rolle als Fundator eines Prämonstratenserklosters in Magdeburg geraten. Es ist für das schwer gestörte Verhältnis zwischen Norbert und der Magdeburger Opposition allerdings bezeichnend, dass die Aufständischen Norbert für fähig hielten, die Mauritiusreliquien eigenmächtig ins Kloster Unser Lieben Frauen umzulagern. Das heißt letztlich nichts anderes, als dass die Aufständischen in Norbert nicht mehr in erster Linie ihren Erzbischof und Stadtherrn sahen, sondern den Gründer des Prämonstratenserordens, der seine Macht als Erzbischof missbrauchte, um diesen Orden auch in Magdeburg anzusiedeln. So sind die starke Entfremdung zwischen der Bevölkerung Magdeburgs und ihrem Erzbischof und der letztlich daraus resultierende Aufstand am ehesten zu erklären.

Welchen Charakter hatte nun der Aufstand gegen Erzbischof Norbert, und wie ist er in die „kommunale Bewegung" in Magdeburg einzuordnen?

Über diese Frage gehen die Meinungen auseinander. E. Engel folgt E. Uitz in ihrer Einschätzung der Ereignisse, wenn sie schreibt: „Zu einer für dieses Gebiet frühen kommunalen Bewegung kam es 1129 in Magdeburg. Sie war durch das gemeinsame Aufbegehren von Domkapitel, Ministerialen und Stadtbewohnern gegen Erzbischof Norbert von Xanten charakterisiert, ohne daß klar ausgeprägte eigene Interessen der städtischen Teilnehmer Ausdruck fanden. Die Quellen lassen aber Formen der kommunalen Bewegung erkennen, wie sie in anderen Städten zur Anwendung kamen: Glockengeläut rief die Bürger zusammen, die in geheimen Versammlungen gemeinsames Vorgehen verabredeten, gegen Feinde ihrer Beschlüsse die Strafe der Hauszerstörung anwandten und einen *senatus* als Vorläufer eines Stadtrats hatten."[39] R. Schranil setzt dagegen: „Sichere Nachrichten über Aeusserungen einer Gemeindegewalt, also über den Bestand eines von Gemeininteressen beherrschten Gemeindeverbandes haben wir erst aus der zweiten Hälfte des 12. Jahrhunderts. Für die frühere Zeit sind wir lediglich auf Schlussfolgerungen angewiesen."[40] Uitz hält den Aufstand gegen Norbert für ein „erstes unübersehbares Aufflammen der kommunalen Bewegung, dem merkwürdigerweise bisher von der Forschung keine gebührende Beachtung geschenkt wurde …"[41] Als Beispiel für diese geringe Beachtung führt sie H. Planitz an: „Es ist aber doch unwahrscheinlich, daß eine Handelsstadt von so ausgedehnten Beziehungen wie Magdeburg von der kommunalen Bewegung nicht berührt worden sein sollte."[42] Uitz sieht das Stadtbürgertum noch nicht als ausgeprägte Bewegung mit klar abgegrenzten eigenen Interessen, aber als aktiv handelnden Partner der Ministerialen und des einheimischen unzufriedenen Klerus.[43] „Erstmals wird im Zusammenhang mit den Beschlüssen der Bürger auch ein Rat (senatus) erwähnt, in dem man vielleicht den ersten Versuch der Bildung eines Bürgerrates in Magdeburg zu sehen hat. Die ersten drei Jahrzehnte des 12. Jh. erhalten folglich für Magdeburg ihre Prägung durch ein deutliches Hervortreten der kommunalen Bewegung."[44]

Tatsächlich erscheint in der Vita Norberts zu Beginn des 20. Kapitels, in dem die Unruhen in Magdeburg und die Flucht des Erzbischofs zur Burg Giebichenstein bzw. zum Kloster Neuwerk bei Halle geschildert wird, der Begriff „senatus".[45]

Die Nennung des Begriffs „senatus" fällt im Zusammenhang mit der Schilderung der Absprache zwischen den Aufständischen, zu dem vom Burggrafen festgesetzten Termin, bei dem die Klagen gegen den Erzbischof vorgebracht werden sollten, betrunken zu erscheinen, damit für eine Bluttat – man hatte die Ermordung des Erzbischofs ins Auge gefasst – nicht Vorsatz unterstellt werden könne. Diese Absprache wurde dadurch noch bekräftigt, dass all denen, die sich nicht daran hielten, mit dem Raub ihres Hauses und ihres gesamten Hausrates gedroht wurde. Dieses wurde so von den „Richtern jenes ganzen Senates“ festgelegt. In diesem Gesamtzusammenhang, zu dem noch gehört, dass der Verfasser der Vita Norberti B (wie auch der Verfasser der Norberti A) natürlich als Parteigänger Erzbischof Norberts zu gelten hat, kann der Verweis auf „jenen ganzen Senat“ nur verächtlich gemeint sein. Ironisierend verwendet der Verfasser der Vita Norberti B einen in der römischen Antike gebräuchlichen Begriff, der in seiner Zeit, in der ersten Hälfte des 12. Jahrhunderts, bezogen auf frühe bürgerliche Institutionen völlig ungebräuchlich war.[46] Von dem Vorhandensein eines Rates in Magdeburg 1129 auszugehen, wäre von daher verfehlt.

Es ist aber festzuhalten, dass eine in Bischofsstädten in aller Regel als Vorstufe zur Ratsbildung zu beobachtende „coniuratio communis“ (Schwurgemeinschaft) der „Bürger“ in Magdeburg in dieser Zeit stattgefunden hat. Magdeburg vollzog nach, was in Worms und Köln 1073/74 bereits geschehen war. Hier sind tatsächlich die Anfänge der Kommunebildung greifbar.[47] In einer für den deutschen König Heinrich IV. sehr kritischen Situation schlugen sich 1073 die Bürger der Stadt Worms auf die Seite des Königs, ermöglichten ihm einen triumphalen Einzug in die Stadt und ergriffen damit eindeutig Partei gegen ihren Bischof, der zu der starken fürstlichen Opposition gehörte, die wohl ernstlich entschlossen war, ihren König abzusetzen und einen neuen König zu wählen.[48] Der Chronist Lampert von Hersfeld, der diese Episode schildert, betont, dass die Bürger von Worms ihren Bischof gefangengenommen und in Ketten ausgeliefert hätten, wenn er nicht in eiliger Flucht die Stadt verlassen hätte.[49]

Ein Jahr später entwickelte sich ein ähnlicher Aufruhr in Köln, wobei sich die Kölner Bürger bei ihrem Vergehen auf das Wormser Beispiel und den König beriefen.[50] Erzbischof Anno von Köln hatte das Osterfest des Jahres 1074 zusammen mit dem Bischof von Münster in seiner Stadt Köln gefeiert. Für die Heimfahrt wollte er seinem Gast ein Schiff zur Verfügung stellen. Dafür requirierte er das gerade beladene Schiff eines reichen Kölner Kaufmanns. Dieser offensichtliche Rechtsbruch brachte die Kölner in Aufruhr, vor allem die „primores" der Stadt, die „Großen" und „Vornehmen", in der Mehrzahl Kaufleute, aber auch „das Volk" empörte sich über diesen erzbischöflichen Willkürakt und erhob sich.[51] Nach der Schilderung Lamperts von Hersfeld waren die Kölner von tiefem Hass gegen ihren Erzbischof erfüllt und wollten ihn ergreifen und ermorden. Der Erzbischof konnte aber durch eine kleine Nebenpforte in der Stadtmauer fliehen. Er kehrte drei Tage später mit einem Heer zurück, nahm Köln ein, ließ die Stadt plündern und verhängte drastische Strafen.[52] Allerdings kam es nach Lampert kurz vor dem Tod Annos zur Aussöhnung mit den Kölnern. Die Position des Königs war in Köln wesentlich schwächer als in Worms, wo ein königliches Privileg die Haltung der Wormser Bürger im Konflikt zwischen Bischof und König am 18. Januar 1074 belohnte. Diese Urkunde ist die erste Urkunde überhaupt, „die im deutschen Reich vom König den Bürgern einer Stadt ausgestellt worden ist, und es ist zugleich eine Urkunde, die mit so großem stilistischen Aufwand und politischem Engagement gestaltet wurde, daß man die beabsichtigte Wirkung unschwer erkennen kann, nämlich die Tat der Wormser als leuchtendes Vorbild und Ansporn für andere Städte herauszustreichen."[53]

Der Wormser und der Kölner Aufstand haben als „coniurationes" (Verschwörungen) zu gelten, jeder der beiden Aufstände war aber „allenfalls eine Verschwörung ad hoc, die weder die Anerkennung des Stadtherren fand noch institutionenbildend war"[54]. „Die Revolte ist wichtig als Beweis dafür, daß es gärt, und zwar bei den reichen Bürgern."[55] Die handelnden Personen rekrutierten sich aus der Gruppe der „primores civitatis".[56]
Die „coniurationes" 1073/74 in Worms und Köln waren Etappen auf dem Weg zu einer Gemeindebildung, keinesfalls schon deren Vollendung. In den Jahren nach 1074 lässt sich in beiden Städten eine Weiterentwicklung der Gemeindebildung beobachten. 1077 bringt die Wahl Rudolfs von Rheinfelden zum Gegenkönig Heinrichs IV. in Worms wieder eine „coniuratio" hervor wie auch in Mainz, wo der Erzbischof zusammen mit Rudolf von Rheinfelden von der Bürgerschaft aus der Stadt vertrieben wurde.[57]
Die Bürgerschaft und ihre durch Schwur geschlossenen Einungen wurden zumindest in den Rheinstädten im ausgehenden 11. und beginnenden 12. Jahrhundert zu einem durchaus ernstzunehmenden politischen Faktor. Diese Entwicklung kam vor allem in Köln zum Ausdruck. 1106 trat die Kölner Bürgerschaft wieder in ein Schwurbündnis ein, das vor dem Hintergrund des Konfliktes zwischen Kaiser Heinrich IV. und seinem Sohn Heinrich V. zu-

stande kam. Die Kölner standen auf der Seite des alten Kaisers gegen seinen Sohn und dessen Anhänger, den Kölner Erzbischof Friedrich I.[58] Die Bürgerschaft „verjagte Friedrich aus Köln und baute auf königlichen Befehl selbständig eine neue Stadtumwallung, wobei sie wichtige Vororte einbezog ... Damit erwuchsen den Bürgern aber auch große Aufgaben. Der Zusammenhang zwischen Mauerbau und Ausbau der Gemeindeverfassung ist gerade in Köln im ganzen 12. Jahrhundert zu beobachten bis zur letzten mittelalterlichen Stadterweiterung von 1180."[59]

Über die „coniurationes" von 1074 und 1106 war in Köln die Gemeindebildung offenbar so weit vorangeschritten, dass eine Randnotiz zum Jahr 1112 in der Kölner Königschronik aussagen konnte: „Coniuratio Coloniae facta est pro libertate" (In Köln ist eine Schwureinung für die Freiheit abgeschlossen worden).[60] Früher wurde diese Aussage zur „Geburtsurkunde für die Kommunalbewegung und Stadtfreiheit in Deutschland erklärt".[61] Inzwischen gibt es erhebliche Zweifel an der Datierung und dem Zusammenhang, in den diese Notiz zu stellen ist.[62] Die Notiz wird jetzt eher dem Jahr 1114 zugewiesen und damit in den Zusammenhang eines Widerstandsbündnisses der „Großen des Niederrheins einschließlich der Stadt Köln" gestellt, „das gegen den Plan Heinrichs V. gerichtet war, sich diese Region mit Waffengewalt zu unterwerfen".[63] Auch wenn wir daher keine rein städtische „coniuratio" vor uns haben, war Köln ein wichtiger Bestandteil dieses Bundes.[64]

In Halberstadt sind ebenfalls frühe Entwicklungen hin zu einem selbständigen Gemeinwesen festzustellen.[65] „Schon 1105 bestätigt der Bischof den Bürgern ... ihre althergebrachten *jura et statua civilia*, besonders die Lebensmittelpolizei und die Kontrolle über Maß und Gewicht, ja er schärft die regelmäßige Abhaltung der Gemeindeversammlung (burmal) ein und ist mit den Handlungen der von der Gemeinde gewählten Vertreter einverstanden."[66] Eine „coniuratio" gegen den Bischof ist in Halberstadt für das Jahr 1153 überliefert.[67]

Der Vergleich mit der Entwicklung in anderen deutschen Bischofsstädten im letzten Viertel des 11. und zu Beginn des 12. Jahrhunderts verdeutlicht, dass Magdeburgs „coniuratio" und Erhebung gegen den Erzbischof keine isolierte Begebenheit war. Die Geschehnisse von 1129 passen sich vielmehr in die sich allmählich vollziehende Kommunebildung in Bischofsstädten ein. Einen Rat, einen „senatus", hat es aus dem geschilderten Grunde zu dieser Zeit mit hoher

Norbert-Grablege im Kloster Unser Lieben Frauen Magdeburg, 1134

Wahrscheinlichkeit nicht gegeben. Schwierig ist die Frage zu beantworten, von welchen sozialen Schichten die Erhebung getragen wurde. „Auch fehlte es an der Resonanz in den breiten Volksschichten fast völlig“, meint Bauermann.[68] Die Quellenlage lässt eine so weit gehende Schlussfolgerung nicht zu. Über die Menge der Protestierenden sind keine Zahlen überliefert. Die Anführer der Opposition gegen den Erzbischof rekrutierten sich aus den „maiores civitatis“. Inwieweit aber der Funke auf andere Gruppen in der Magdeburger Bevölkerung übergesprungen ist und wer nun letztendlich an der „coniuratio“ beteiligt war, bleibt weitgehend im Dunkeln. Der Bericht in den Norbertviten erweckt aber doch den Anschein, als ob die Erhebung gegen Norbert nicht nur von den zahlenmäßig sicher geringen „maiores civitatis“ gespeist wurde.

IV. Erhebung Magdeburgs zur Stadt unter Erzbischof Wichmann (1152–1192)

Die vierzig Jahre der Herrschaft Erzbischof Wichmanns (1152–1192) gelten zu Recht als eine Blütezeit für das Erzbistum und sein wirtschaftliches und geistliches Zentrum Magdeburg.[1] In seine Zeit fällt die Erhebung Magdeburgs zur Stadt im Rechtssinne. Das Städterechtsprivileg Wichmanns für Magdeburg aus dem Jahr 1188 bildet einen Meilenstein auf dem Weg des Magdeburger Rechts zu einer der großen europäischen Stadtrechtsfamilien.[2] „Wichmann hat dem Magdeburger Recht die Bahn gewiesen."[3] R. Lieberwirth hat darauf hingewiesen, dass die Stadtrechtsbesserung Wichmanns von 1188 keinesfalls als „Geburtsurkunde des Stadtrechts von Magdeburg" anzusehen ist und hier auch nicht die „erste schriftliche Fixierung des Magdeburger Rechts in seiner Gesamtheit" vorliegt, die niemals, auch später nicht, erfolgt ist.[4] Immerhin wurde um 1188 das Recht Magdeburgs in zeitgenössischen Quellen als feststehender Begriff benutzt, was auf einen zu diesem Zeitpunkt bereits sehr hohen Bekanntheitsgrad des Magdeburger Rechts schließen lässt.[5] Das Privileg von 1188 gibt uns einen Einblick in Prozessregeln dieses Rechts, wie sie sich seit den ottonischen Privilegien, also in einem Zeitraum von etwa 200 Jahren herausgebildet haben.[6] „Die Herleitung der mittelalterlichen von der römischen Stadtverfassung, die einst durchaus Beachtung gefunden hatte, wird längst von niemandem mehr vertreten. Die Verknüpfung der Stadtgemeinde mit der Landgemeinde wie die Verbindung des Stadtrechtes mit dem Hofrecht sind überall in den Hintergrund getreten. Nach allgemeiner Auffassung werden Stadt und Stadtrecht des Mittelalters getragen vom Fernhandel, vom Fernkaufmann und von der Fernkaufmannsniederlassung."[7]

Die Entwicklung des Magdeburger Rechts aus der schon früh unter Schutz gestellten und geförderten Handelstätigkeit der Kaufleute bestätigt die von G. Köbler allgemein formulierte Einschätzung zur Genese des mittelalterlichen Stadtrechts. Es muss aber deutlich bemerkt werden, dass das zur Verfügung stehende Quellenmaterial für die Zeit vom 10. bis zur Mitte des 12. Jahrhunderts es nicht ermöglicht, über die Formierung der Magdeburger Bürgergemeinde auf der Grundlage eines sich ausbildenden Stadtrechts in diesem Zeitraum wirklich erschöpfend Auskunft zu geben. Analogieschlüsse zur Entwicklung in anderen Bischofsstädten bzw. Nachbarstädten sowie Rückschlüsse aus späteren

Stadtrechtsbesserung von 1188

Rechtszuständen müssen die großen Lücken füllen, die durch das unglückliche Schicksal der schriftlichen mittelalterlichen Überlieferungen in Magdeburg gerissen worden sind. Lediglich punktuell sind Ereignisse überliefert, die uns wenigstens Umrisse der politischen, sozialen und wirtschaftlichen Entwicklung in Magdeburg erkennen lassen.[8] „Nur einige wenige Urkunden stehen gleichsam wie Marksteine inmitten der übrigen Ueberlieferung da als Zeugnisse, daß sich tiefschneidende Veränderungen in der Stadt vollzogen haben."[9] Auch wenn das sich zwischen dem 10. und 12. Jahrhundert herausbildende Magdeburger Recht durch Magdeburger Quellen nur spärlich überliefert ist, lassen sich nicht unwesentliche Schlussfolgerungen zu dieser Entwicklung aus der Markt- und Rechtsentwicklung anderer Städte wie etwa Quedlinburg folgern.

Die Stadt Quedlinburg ist aus einer Marktansiedlung hervorgegangen, die im Jahre 994 von Otto III. in einiger Entfernung von der Burg gegründet wurde. Die Einnahmen dieses Marktes gingen an das Quedlinburger St. Servatiusstift.[10] Otto III. übernahm das Marktrecht, nach welchem er die Einnahmen dem Kloster überließ, von seinen Vorfahren, die in Köln, Mainz und Magdeburg so verfahren waren.

Ein knappes halbes Jahrhundert später, im Jahr 1040, nimmt König Heinrich III. „die Kaufleute zu Quedlinburg nach dem Vorgange seines Vaters Konrads II. in seinen Schutz, gestattet ihnen, im ganzen Reiche freien Handel zu treiben und nach demselben Rechte zu leben wie die Kaufleute zu Goslar und zu Magdeburg."[11] Die Quedlinburger Kaufleute sollen nach „lex ac justitia" (Recht und Gerechtigkeit) und nach dem Vorbild der Kaufleute von Goslar und Magdeburg leben.[12] Darüber hinaus wurde den Einwohnern der Marktsiedlung die Gerichtsbarkeit über die Lebensmittel übertragen.[13]

Rietschel zieht von der kommunalen Entwicklung in Quedlinburg die Parallele zur Situation in Halberstadt und Magdeburg.[14] Er folgert, dass nicht alle „Gemeindegenossen" diese Kompetenz in gleicher Weise ausgeübt haben, „die Gemeinde muß sich notgedrungen ein Organ geschaffen haben. Dieses Organ ist aber ebenso wie in Magdeburg und Halberstadt nicht ein dem *burmester* des Sachsenspiegels entsprechender Einzelrichter, sondern ein Kollegium, der Rat. Vollständig wird diese Ähnlichkeit mit den Magdeburger und Halberstädter Verhältnissen aber erst dadurch, daß auch in Quedlinburg die Versammlung der Bürger unter den Vorsitz des Rates ‚burding' genannt wird."[15]

Allerdings hat sich die Entwicklung zur Ausformung des Rates in Quedlinburg vom späten 10. Jahrhundert bis in die zweite Hälfte des 13. Jahrhunderts hingezogen. 1265 werden zum ersten Mal die Ratsherren der Altstadt (consules veteris civitatis) erwähnt.[16] Quedlinburg ist wie Magdeburg und Halberstadt ein Beispiel für die Entwicklung eines urbanen Gemeinwesens aus einer Marktsiedlung heraus. Diese Genese lässt sich an der Herausbildung des Stadtrechts am besten ablesen. Rietschel macht deutlich, dass in den Urkunden des Magdeburger öffentlichen Gerichtes aus dem 12. Jahrhundert die Ausdrücke „ius civile", „ius civitatis" und „ius fori" völlig als Synonyme gebraucht werden.[17] „Das Recht der Stadt Magdeburg ist ein Marktrecht, weil die Stadt selbst eine Marktansiedlung, ein Markt ist."[18]

Während die Entwicklung Quedlinburgs hin zu einem aus dem Markt herausgewachsenen städtischem Gemeinwesen in den Grundzügen unstrittig ist, gibt es bezüglich der Verleihung der Lebensmittelgerichtsbarkeit an die Quedlinburger Kaufleute durch Heinrich III. 1040 (1042) durchaus Nachdenken in der Forschung. Es besteht der begründete Verdacht, dass dieser Passus in dem Privileg Heinrichs III. interpoliert, also nachträglich eingefügt worden sei, womit wir in diesem Punkte eine Fälschung vor uns hätten. Der Verdacht gründet sich vor allem darauf, dass die Verleihung der Lebensmittelgerichtsbarkeit selbst „wegen seines exzeptionell frühen Auftauchens" nur nachträglich eingetragen worden sein kann.[19] Schwineköper stützt diesen Verdacht und hält diesen Punkt für eine Zugabe des 12. Jahrhunderts, „wobei er vor allem auf die Teilung der eingehenden Strafgelder zwischen ‚civis' (Bürger) und ‚iudex' (Richter) als für das 11. Jahrhundert auffällig und ungewöhnlich hinweist"[20]. Damit würde auch der Beginn eines ratsähnlichen Zusammenschlusses der Quedlinburger Bürger vom 11. in das 12. Jahrhundert verschoben.

Knapp einhundert Jahre nach dem von König Heinrich III. verliehenen Privileg griff Kaiser Lothar III. die von seinen Vorfahren vergebenen Rechte für Quedlinburg auf und erweiterte sie. „Kaiser Lothar III. gewährt den Kaufleuten von Quedlinburg unter Bestätigung der ihnen von seinen Vorfahren verliehenen Rechte betreffs der Zollfreiheit im ganzen Reiche mit Ausnahme der Städte Köln, Thiel und Bardowiek, betreffs der geistlichen Gerichtsbarkeit, der ungehinderten Benutzung der Weide auf dem östlichen Bodeufer und der Abgabenfreiheit von ihren Marktständen."[21] Mit beinahe identischen Worten verweist er in seinem Privileg auf die Rechtsgepflogenheiten der Quedlinburger Kaufleute auf der Basis des Goslarer und Magdeburger Rechts.[22]

Das Magdeburger Recht stellt, wie die Entwicklung des Quedlinburger Rechts zeigt, von seinem Ursprung her eine Verbindung von Kaufmannsrecht („ius mercatorum") mit Marktrecht dar.[23] Das Kaufmannsrecht als personales Recht der Kaufleute sowie das Marktrecht als Sonderrecht für einen begrenzten Bereich bildeten die entscheidenden Wurzeln für das sich entwickelnde Stadtrecht, das für alle Bewohner der Stadt Gültigkeit erhielt.[24] Die Wurzeln für diese Entwicklung liegen in der spätottonischen Zeit, wie nicht nur das Quedlinburger Privileg von 994, sondern auch das Halberstädter Privileg von 989 ausweist. „König Otto verleiht dem Bischof Hildiward von Halberstadt das Markt-, Münz-, Zoll- und Bann-Recht in dem Orte Halberstadt, gleichwie es die übrigen Städte (civitates) Magdeburg (Magadaburg) und andere besitzen, denen es von den Vorfahren des Kaisers verliehen ist."[25]

Das Recht der Kaufleute war durch drei Elemente geprägt:[26]

1. Beweiserleichterungen vor Gericht. Kaufleute waren vom gerichtlichen Zweikampf ausgenommen und mussten sich nicht einem Gottesurteil unterwerfen.
2. Zins- und Verfügungsfreiheit über Grundstücke.
3. Schutz der Kaufleute vor dem Strand- und vor dem Grundruhrrecht (Aneignung von auf dem Wasser herrenlos gewordenen Gegenständen).

Der Mangel an Quellen verhindert eine genauere Durchdringung der Magdeburger Rechtsverhältnisse bis zur Mitte des 12. Jahrhunderts. Es liegt aber auf der Hand, dass das als Vorbild für die Vergabe an andere Städte dienende Magdeburger Kaufmannsrecht in Magdeburg selbstverständlich auch zur Anwendung kam. Zu Beginn der Investitur Wichmanns im Jahr 1152 stellte sich die Situation in Magdeburg so dar: „Um die Mitte des 12. Jahrhunderts nahm Magdeburg also in mehrfacher Hinsicht eine zentrale Stellung ein. Diese verstand es, ihr Ansehen als Handelsmetropole weiter zu festigen; sie war anerkannter geistiger Mittelpunkt und übte auf dem Gebiete des Rechts eine erhebliche Vorbildwirkung aus, wobei zwischen diesen Funktionen ein enger Zusammenhang bestand; denn die nun einsetzende rasche Verbreitung des Magdeburger Rechts östlich von Elbe und Saale ist ohne Kaufleute und

Handwerker, ohne bäuerliche Siedler und ohne Geistliche in Magdeburg und im Neusiedelgebiet nicht zu denken."[27]

Eine wie in anderen Städten des 12. und 13. Jahrhunderts förmlich vorgenommene Erhebung zur Stadt hat es in Magdeburg entweder nicht gegeben, oder die Quelle befand sich unter den 1631 verbrannten Urkunden des Magdeburger Stadtarchivs. Wahrscheinlich hat es diese Stadtrechtsurkunde aber nicht gegeben. Durch die Herausbildung des Kaufmanns- und des Marktrechts im Laufe des 10., 11. und 12. Jahrhunderts war Magdeburg vermutlich auf ganz natürliche Weise zur Stadt auch im Rechtssinn geworden.

Es bleibt die Frage zu klären, ab wann Magdeburg spätestens als Stadt im Rechtssinn zu gelten hat. Da für Magdeburg eine entsprechende Urkunde nicht überliefert ist, muss wieder auf parallele Überlieferungen aus anderen Städten zurückgegriffen werden. Erzbischof Wichmann brachte nicht nur Kolonisatoren in sein Erzbistum und gründete Ortschaften, sondern er verlieh bestehenden Ortschaften auch Stadtrecht. Nachzuweisen ist dies für die Orte Wusterwitz (heute Groß-Wusterwitz), zwischen Genthin und Brandenburg gelegen, 1159 und Jüterbog 1175.[28] Markgraf Otto von Meißen verlieh Leipzig Stadtrecht nach magdeburgischem und hallischem Recht.[29] Diese Urkunde ist nicht datiert und wird im Magdeburger Urkundenbuch in der Zeit zwischen 1156 und 1170 vermutet. Von diesen Stadtrechtsverleihungen her ist fest davon auszugehen, dass Magdeburg spätestens 1159, als Wichmann Wusterwitz das Stadtrecht verlieh, als Stadt im Rechtssinne anzusehen ist. Der Erzbischof von Magdeburg wird wohl kaum einer weitaus kleineren Ortschaft den Status einer Stadt zuerkannt haben, wenn nicht dem Sitz des Metropoliten dieser Status zuvor verliehen worden war. Um es aber nochmals zu betonen: Es ist durchaus möglich, dass Magdeburgs Stadtrechtsurkunde nicht verloren gegangen ist, da sie vielleicht niemals existiert hat, sondern Magdeburg gewohnheitsrechtlich schon in den frühesten Jahren Wichmanns oder sogar vor seiner Erhebung zum Erzbischof, also vor 1152 bzw. 1154, als Stadt im Rechtssinne angesehen wurde.

Wichmann betrieb eine konsequent städtefreundliche Politik, da die Förderung von handwerklichem und kaufmännischem Gewerbe die Einkünfte des Erzbischofs vergrößerte. Der enorme Geldbedarf Wichmanns wurde durch die Ostsiedlung, die Beteiligung an der Italienpolitik Friedrichs I. und die

Kämpfe gegen Heinrich den Löwen, vor allem in den Jahren 1179–1181 verursacht.[30] Sicher wird auch Wichmanns aufwändige Hofhaltung in Magdeburg große Mittel verschlungen haben.[31] Eine Episode im Jahr 1182 belegt, wie groß Wichmanns Finanzbedarf war. Die Finanznot trieb in diesem Jahr den Erzbischof dazu, dem Domschatz zu Magdeburg zwei goldene Kelche und zwei silberne Kandelaber im Wert von 81 Mark Gold und 100 Mark Silber zu entnehmen.[32] Eine Mark Gold wurde wie zehn Mark Silber gerechnet, womit die Gesamtsumme, die Wichmann dem Domkapitel schuldete, 910 Mark Silber betrug. 300 Mark sollten jährlich aufgebracht werden, um innerhalb von drei Jahren die Stücke zu ersetzen. Die Magdeburger Münze sollte hierbei 236 Mark an zwei Terminen im Jahr zahlen, was die große Ertragskraft der Münze unterstrich. 64 Mark waren von den Kammern in Halle, Werk- und Verkaufsbuden von Gewerbetreibenden, aufzubringen.[33]

Eine weitere Neuerung betraf die jährliche Verrufung der Münze. Wichmann führte die zweimalige Münzverrufung ein. Für vier alte Silberbrakteaten

Silberbrakteaten Erzbischof Wichmanns von Magdeburg 1152–1192, Münzstätte Magdeburg: a: Moritzpfennig; b: Burgbrakteat; c: Bischofspfennig (vergrößerte Darstellung)

erhielt man drei neue, die aber nicht mehr Silbergehalt als die alten Münzen besaßen, womit dem Erzbischof als Münzherrn ein ansehnlicher Gewinn blieb. Ob die Bevölkerung diese Maßnahme widerspruchslos hinnahm, ist fraglich. Überliefert ist jedoch eine entsprechende Reaktion der Bürger nicht, was aufgrund der starken Stellung Wichmanns, der auch die unumschränkte Besetzung des Magdeburger Schultheißenamtes in seine Hand zu bringen vermochte, nicht verwundert.[34] Der sich an dieser Frage entzündende Konflikt entwickelte sich weniger zwischen dem Erzbischof und der Bürgerschaft Magdeburgs, als zwischen dem Erzbischof und dem Schultheißen Siegfried, der 1152 dieses Amt übernommen hatte.[35] Wichmann fasste das Amt des Schultheißen als nach Dienstrecht verliehenes Amt (officium) auf, während Siegfried behauptete, es von seinem Vater als erbliches Lehen erhalten zu haben.[36] Der Streit endete mit einem Vergleich, der besagte, dass das Schultheißenamt nach Amtsrecht vergeben wurde, dafür sollten Siegfrieds Sohn Heinrich nach dem Tod des Vaters gewisse Einnahmen zufallen.[37]

Handel und Gewerbe erlebten mit Erzbischof Wichmann in Magdeburg und im Erzstift einen deutlichen Aufschwung, obwohl die Magdeburger Kaufleute ihre Handelsprivilegien, die sie zu ottonischer Zeit im Reich errungen hatten, offensichtlich nicht mehr besaßen. E. Ilgenstein geht davon aus, dass diese alten Rechte um 1100 beseitigt worden sind.[38] Zwei Belege führt Ilgenstein hierfür an. In einer Utrechter Zollrolle für die sächsischen Kaufleute von 1122 wird der zu zahlende Zoll festgelegt und auch in Beziehung zu Kaufleuten anderer Herkunft gesetzt. Kaufleute, die diesseits oder jenseits von Duisburg wohnten, hatten weniger, die ostfriesischen Kaufleute mehr zu zahlen.[39] Unter die sächsischen Kaufleute fielen, so Ilgenstein, vor allem die Kaufleute von Goslar, und diese besaßen ursprünglich dieselben Privilegien wie die Magdeburger Kaufleute, also ist mit Sicherheit anzunehmen, dass mit dem Wegfall der Goslarer Sonderrechte auch die Magdeburger entfallen sind. Der zweite Beleg besteht in einer Urkunde von 1136, deren Echtheit allerdings bestritten wird, in der die Elbzölle, die Magdeburger in Elbey, Mellingen und Tangermünde zu entrichten hatten, festgelegt wurden.[40] Die ersten zünftisch organisierten Gewerbe werden in der Zeit Wichmanns erwähnt.[41] Die wirtschaftlichen Verhältnisse in der Stadt werden nun nicht mehr ihrem freien Lauf überlassen, sondern obrigkeitlich reguliert. Nach Ilgenstein markieren diese Regulierungen den Übergang zur „Stadtwirtschaft“, die allerdings erst im 13. Jahrhundert ihre volle Ausprägung erfährt. Aber nicht nur die Magdeburger Kaufleute

und Handwerker profitierten von der Förderung Wichmanns. Den Kaufleuten von Burg und den übrigen ostelbischen Kaufleuten, die vor allem Tuche in Magdeburg verkauften, überließ Wichmann 1176 einen Hof am Markt und das dazu gehörige Haus.[42] Drei Jahre später wies Wichmann den Bürgern von Burg 20 Budenplätze auf der Messe zu Magdeburg zu.[43] Auf diesen Plätzen, die den Burger Kaufleuten zur eigenen Verfügung übergeben wurden, sollten diese ihre Buden und Zelte stellen. Die Anzahl von 20 Budenplätzen auf der Herrenmesse für die Kaufleute nur einer Stadt stellt eine sehr große Zahl dar.[44] Auf der Grundlage der wichmannschen Privilegien gedieh der Handel der Burger Kaufleute in Magdeburg in Zukunft offensichtlich sehr gut. Denn als 1224 das „cophus de Burch" abbrannte, bestätigte Erzbischof Albrecht den Burger Kaufleuten die Privilegien, die ihnen von seinen Vorgängern eingeräumt worden waren, wenn sie ihr Kaufhaus wieder aufbauten.[45] Der Handel Burgs ist durch die systematische Anwerbung von flandrischen Kaufleuten durch Erzbischof Wichmann gefördert worden, wie einige Namen unter den in der Urkunde von 1179 aufgeführten Zeugen belegen: Wilhelmus Flamiger, Gieselbrecht de Thiest, Lambrecht de Lovene, Reinerus de Brusle.[46]
Die Ansiedlung von Flamen betrieb Wichmann von Magdeburg systematisch im Rahmen der Kolonisation seines Erzbistums.[47]

In die Zeit Wichmanns fallen auch die ersten Erwähnungen von genossenschaftlichen Verbindungen von Kaufleuten und Handwerkern. 1183 erhielten die Gewandschneider in einer mittelniederdeutsch gefassten Urkunde das Innungsprivileg, nach dem niemand in Magdeburg Handel mit Tuch treiben durfte, der außerhalb dieses Innungsverbandes stand.[48] In der Schöppenchronik steht dazu vermerkt: „he [Wichmann] makede der wantsnider und der kremer inninge erst."[49] Überliefert ist aber nur das Privileg der Gewandschneiderinnung. Wolter bemerkt dazu: „... es leidet aber keinen Zweifel, daß von ihm [Wichmann] auch, wie in Halle, die Innungen anderer Gewerbe: die Schuhmacher, Bäcker, Schmiede u. s. w. nicht gegründet, sondern ... statuarisch neu geordnet sind."[50] Schranil geht davon aus, dass Wichmann freigewählten Innungsmeistern „die Sorge für Ordnung und Sicherheit in dem engeren Gebiet des Marktverkehrs" übertragen hat.[51] Zwar wären diese anfangs nicht ganz unabhängig, die Innungen wären wohl zahlungspflichtig gegenüber dem Erzbischof gewesen. Schranil spricht von „patrizischen Innungen", an deren Spitze die „maiores", die patrizischen Innungsmeister, standen. Im Gegensatz zu den „officia meiora" bildeten sich später „officia minora", deren Innungsmeister der „Gemeinheit“ angehörten. Politisch spielten auf der Grundlage der Stadtrechtsbesserung von 1188 bis in das erste Drittel des 14. Jahrhunderts laut Schranil lediglich die patrizischen Innungsmeister eine Rolle, da die Stadtverfassung zunächst ausschließlich unter patrizischem Einfluss stand. Allerdings werden die fünf patrizischen Innungsmeister erst in einer Urkunde vom 4. Oktober 1281 zum ersten Mal erwähnt, in der den Fettmengern vom Rat der Stadt Magdeburg für eine jährliche Abgabe von neun Mark ein Haus außerhalb der Stadt zugewiesen wurde.[52] Diese recht späte Ersterwähnung erklärt Schranil damit, dass die Innungsmeister erst aus der Abhängigkeit zum Erzbischof als „officiati“ und aus dem Zusammenhang mit Schultheiß und Schöffen, den alten Gemeindeorganen, herauswachsen und die Innungen zu freien Genossenschaften werden mussten, bis sie als eigene politische Kraft akzeptiert waren. Diese spezielle Entwicklung gab nach Schranil den Innungsmeistern den „größeren Impuls, den Reformgeist“, um in den Geschehnissen von 1293 bis 1295 und vor allem 1330 die führende Rolle einzunehmen.

Neben der rechtlichen Konstituierung von Innungen ist die Herausbildung des Schöffenkollegs und des Rates in der Zeit Wichmanns als wichtigster Schritt hin zu einer autonomen Stadtgemeinde anzusehen, die Vergabe des Stadtrechts als politisch-rechtliches Fundament vorausgesetzt. Für Wolter fällt die Ausformung eines Stadtrates in die Zeit Wichmanns: „... bemerken aber, daß wir die städtische Ratsverfassung und Verwaltung schon unter der Regierung des Erzbischofs Wichmann wesentlich für vollendet und nicht nur den Schöffenstuhl als richterliche, sondern auch, wie in anderen größeren Bischofsstädten, namentlich in Köln, das Ratskollegium als Verwaltungsbehörde in voller amtlicher Thätigkeit begriffen annehmen.“[53] Wolter führt als Belege für seine Annahme mehrere Urkunden aus der Zeit Erzbischof Wichmanns an, die „hierüber einen begründeten Zweifel nicht“ zulassen. In erzbischöflichen Urkunden der Jahre 1164, 1167, 1184 und 1188 würden „Schöffen und Richter und die angesehensten Bürger der Stadt Magdeburg“ in etwas voneinander abweichender Wortwahl angeführt. Auch das Bündnis, das der Klerus und die Bürger von Köln mit Erzbischof Wichmann, dem Klerus und den Bürgern von Magdeburg und mit mehreren Fürsten des Reiches gegen Herzog Heinrich den Löwen am 12. Juli 1167 schlossen,[54] interpretiert Wolter in seinem Sinne: „Es wird hierdurch die Existenz des Rates in Magdeburg während der zweiten Hälfte des 12. Jahrhunderts hinlänglich nachgewiesen, wenn auch in den bezeichneten vier Urkunden, der dafür gebräuchliche lateinische Ausdruck ‚se-

natus‘ oder ‚consules‘ noch nicht enthalten ist ...“[55] Dieser Annahme Wolters stehen andere Forschungspositionen konträr gegenüber. So geht Schranil von der Existenz eines Rates erst seit etwa 1240 aus.[56] Die erstmalige namentliche Erwähnung von Ratsherren im Jahr 1238 in der Bürgermeisterliste[57] und 1244 in einer Urkunde, in der der Rat der Stadt Magdeburg die Innung der Schwertfeger (Waffenschmiede) bestätigt[58], scheint diese Ansicht zu stützen. Ein Blick auf die allgemeine Entwicklung in den deutschen Städten des Mittelalters verdeutlicht, dass die Ausformung von Ratsgremien, die unabhängig von den jeweiligen Stadtherren die Geschicke ihrer Städte in ihre Hand nehmen, sich im Wesentlichen im 13. Jahrhundert vollzog.[59]
Selbst das in vielen Beziehungen frühentwickelte Köln kann erst im Jahr 1216 auf die Erstnennung eines Rates verweisen, aber nicht einmal diese Erwähnung ist völlig gesichert, weshalb sie in der Forschung unterschiedlich interpretiert wird.[60] Die Ratsgremien traten natürlich nicht unvermittelt ihre Arbeit an, sondern sind aus einer Reihe von Vorformen über viele Jahrzehnte gewachsen. „Solche Vorformen sind in der Mitwirkung von einzelnen Bürgern oder/und Ministerialen an stadtherrlichen Entscheidungen, aber vor allem in institutionellen Vorstufen des Rates greifbar, die sich um die in den Quellen genannten scabini (Schöffen), iudices (Richter) und iurati (Geschworene) gruppierten und die aus der sozial gehobenen Schicht des Meliorats ... stammten. Inwieweit sie feste Gremien bildeten, ist fraglich. Die ständigen oder wechselnden Mitglieder solcher institutionellen Vorstufen des Rates wirkten an der vom Stadtherrn und von seinen Beamten, dem Meier, Schultheiß oder Amtmann ausgeübten Rechtsprechung und städtischen Verwaltung mit. Ihre Aufgaben umfassten die niedere Gerichtsbarkeit, die Verwaltung des Münz-, Zoll- und Marktwesens, die Gewerbeaufsicht, das Polizeiwesen, Verteidigung und Finanzen.“[61]

Die Bildung der städtischen Ratsgremien ist also als ein längerer, über mehrere Etappen sich vollziehender Prozess zu sehen. Bei der Frage, ab wann ein Rat existierte, kommt es auf die Kriterien an, die einer solchen Beurteilung zu Grunde liegen. Das – nicht nur – von Schranil angewandte Kriterium, einem Rat erst dann die Existenz zuzugestehen, wenn er als „Urkundsbehörde“[62] in Erscheinung tritt, ist die klarste Entscheidungsgrundlage, ignoriert aber jegliche Form frühbürgerlicher Institutionen bzw. ratsähnlicher Vorformen des Rates. Unterstützt wird diese Einschätzung von wesentlichen Teilen der Forschung, die die Existenz eines Rates an das Vorhandensein von Schriftlichkeit

Erzbischof Wichmann von Magdeburg, Grabplatte im Magdeburger Dom

und damit nachvollziehbare Verwaltungstätigkeit knüpft.[63] Man könnte auch sagen, dass ein Rat in dem Moment zum Rat wird, in dem er sich vom Objekt zum Subjekt entwickelt, d. h. nicht mehr nur in Form von Zeugenwirken in stadtherrlichen Rechtsakten vorkommt, sondern selbst initiativ als Urheber von Entscheidungen in Erscheinung tritt. Goerlitz macht den durchaus weiterführenden Vorschlag, die Ausformung des Magdeburger Rates von der zweiten Hälfte des 12. bis in die Mitte des 13. Jahrhunderts als die Entwicklung „vom erzbischöflichen bis zum selbständigen Rate"[64] zu bezeichnen, was das Prozesshafte dieses Vorgangs zu Recht hervorhebt. Wie oben gezeigt wurde, hat es seit Otto dem Großen eine herausgehobene Gruppe von Bürgern gegeben, die vom Kaiser und seinen Nachfolgern im Amt des Magdeburger Stadtherrn, den Erzbischöfen, als Vertreter der Magdeburger nicht nur akzeptiert, sondern benötigt wurden. „Maiores civitatis“ heißen die, die diese Gruppe bildeten in Zeiten Ottos des Großen. Als „scabini iudices“ tauchen deren Nachfolger in der Mitte des 12. Jahrhunderts wieder auf.[65]

Die Magdeburger Schöffen haben, auch wenn dies nicht eindeutig belegbar ist, ganz sicher ihre Ursprünge sozialgeschichtlich in der Gruppe, die schon unter Otto dem Großen als „maiores civitatis“ eine herausgehobene Stellung innehatte und deren Mitglieder im Jahr 1100 bzw. 1108 als Geschäftszeugen, als „iudices scabini“ urkundlich belegbar sind.[66] Zwischen den in diesen beiden Jahren erwähnten Zeugen gibt es allerdings keine Namensgleichheit, weshalb Goerlitz davon ausgeht, dass wir in den hier erwähnten Personen noch keine hauptamtlichen Schöffen mit lebenslänglicher Bekleidung ihres Amtes vor uns haben, sondern Personen, die „als gelegentliche Mitglieder des erzbischöflichen Rates aus der Bürgerschaft, deren Meinung und Hilfe dem Stadtherren wertvoll ist, anzusehen“[67] sind. In der Zeit Erzbischof Wichmanns erleben die Schöffen einen großen Aufstieg, sie nennen sich nach 1147–1154 nicht mehr iudices scabini, sondern scabini iudices.[68] In der Umkehrung beider Begriffe kann man eine Tendenz zur Professionalisierung der Schöffen erkennen. Eine erzbischöfliche Urkunde von 1164 zählt unter den Zeugen auf: „scabini quoque iudices et potentissimi burgensium Magdeburgensis civitatis“.[69] Die „scabini quoque iudices“ (Schöffen sowie Richter) erscheinen als Zeugen hinter Bischöfen und Domherren, Burggrafen, Schultheißen und Freien und Ministerialen der Magdeburger Kirche. In dieser Aufzählung kommen der Aufstieg des patrizischen Teils der Magdeburger Bürgerschaft und die Gleichstellung der Schöffen mit den mächtigsten Bürgern Magdeburgs zum Ausdruck. Allgemein lässt sich in der Zusammenstellung von Zeugen erkennen, dass die Schöffen als mächtige und angesehene Bürger gelten.[70] Es ist nicht zu bezweifeln, dass die politische Funktion der Schöffen in der Zeit Wichmanns noch ganz und gar vom Willen des Erzbischofs abhing. Das Erstarken des Magdeburger Patriziats in der zweiten Hälfte des 12. Jahrhunderts infolge der erzbischöflichen Politik auch in wirtschaftlicher Hinsicht sowie die Einrichtung einer allgemeinen Bürgerversammlung, deren Existenz in der wichmannschen Stadtrechtsbesserung von 1188 erstmals nachgewiesen werden kann,[71] lassen aber den Weg Magdeburgs in die Richtung einer sich selbstverwaltenden, vom Stadtherrn weitgehend unabhängigen Gemeinde erkennen. Für die allgemeine Bürgerversammlung sind unterschiedliche

Begriffe verwandt worden. Am häufigsten kommen die Termini „burding“ und „conventus civium“ vor.[72] Diese Bürgerversammlung war ursprünglich vom Erzbischof als Forum für die Verkündung stadtherrlicher Verfügungen geschaffen worden und nicht als beschlussfassende Versammlung. Allerdings ist im wichmannschen Recht von 1188 auch von der „voluntas meliorum“ als durchaus maßgeblicher Meinung die Rede, was als Widerspruchsrecht der Gemeinde gedeutet werden kann. Dieses Widerspruchsrecht scheint im Laufe des 13. Jahrhunderts mit zunehmender Kompetenzerweiterung des entstehenden Rates schwächer geworden zu sein, da später immer die „wisesten“ als maßgebend erklärt wurden.[73] Auch ändert sich der Charakter des Burdings im Laufe des 13. Jahrhunderts in anderer Hinsicht wesentlich. Der Erzbischof und seine Beamten verlieren sukzessive Kompetenzen in der Stadt, was am Ende des 13. Jahrhunderts dazu führt, dass der Rat, der längst die „neue Obrigkeit“ in der Stadt bildet, auch das Burding einberuft und durchführt.[74]

Zusammenfassend kann festgehalten werden, dass sich in der Zeit Wichmanns eine deutliche Entwicklung in Richtung einer sich korporierenden Magdeburger Bürgerschaft durch die Politik des Erzbischofs und das Erstarken des Patriziats vollzieht, die bis etwa 1240 zur Ausformung und Verdichtung der Ratsherrschaft führt, die sich nun durch zielstrebige Politik immer stärker von der Herrschaft des Erzbischofs emanzipiert.

Der Aufschwung Magdeburgs zur Zeit Erzbischof Wichmanns spiegelt sich nicht nur im politischen und wirtschaftlichen Erstarken des Patriziats und der Privilegierung von Innungen wider, sondern auch im Wachstum der Bevölkerung und dem topographischen Ausbau der zu Beginn der Herrschaft Wichmanns noch stark ottonisch geprägten Stadtanlage. Die Altstadt von Magdeburg erhielt im 12. und 13. Jahrhundert die bis ins 19. Jahrhundert gültige topographische Form.[75] Die stärksten Prägungen in städtebaulicher Hinsicht hat die Stadt im Hohen Mittelalter unter den Erzbischöfen Wichmann (1152–1192) und Albrecht II. (1205–1232) erhalten.

Die Bevölkerungsvermehrung in der zweiten Hälfte des 12. Jahrhunderts basierte auf starkem Zuzug ländlicher Bevölkerung.[76] In dieser Zeit entstanden Kirchen wie etwa die Ulrichskirche. 1152 und 1170 wird eine „ecclesia forensis“ (Marktkirche) bzw. „ecclesia forensis in honore beati Johannis Evengelista“ genannt.[77] G. Böttcher hält es für möglich, dass die hier genann-

Ältestes Siegel der Stadt Magdeburg von ca. 1240

te Johanniskirche mit der ergrabenen Krypta der Johanniskirche identisch sein könnte, während die oberirdischen Bauteile der Johanniskirche aus dem 13. Jahrhundert stammen. Wahrscheinlich zur Zeit Wichmanns erhielt der Alte Markt seine noch heute gültige Gestalt. Er wurde gepflastert, Marktbuden, Kauf- und Innungsgebäude entstanden. Die unter Nickel ergrabenen Keller am Alten Markt einschließlich der „Buttergasse" werden der Zeit Wichmanns zugeschrieben. Ursprünglich waren diese Keller als mit dem Alten Markt niveaugleiche Verkaufshallen gebaut und wurden erst durch die meterhohen Aufschüttungen der kommenden Jahrhunderte um sie herum zu Kelleranlagen. Der Alte Markt wird in einer Urkunde von 1176 genannt, in der Erzbischof Wichmann den Burger Kaufleuten die Handelsniederlassung am Alten Markt zuweist.[78] In dieser Urkunde wird der Alte Markt als „forum civitatis Magdeburgensis" bezeichnet. Mehrere Straßenpflasterungen datieren aus der

Zeit Wichmanns. Auch der Domplatz veränderte sein Gesicht. Am östlichen Rand des Domplatzes ist wahrscheinlich die erzbischöfliche Residenz errichtet worden. Zusätzlich entstanden ein Wirtschaftshof und Domherrenkurien. Der Domplatz erhielt in der zweiten Hälfte des 12. Jahrhunderts als später so genannter „Neuer Markt“ einen Jahrmarkt (Herrenmesse), der sich aus einem Fest zu Ehren des Schutzheiligen St. Mauritius entwickelte. Daneben hat es auf dem Domplatz wohl auch gewerbliche Produktionsstätten gegeben, wie archäologische Funde vermuten lassen. Da bei den Grabungen auf dem Domplatz Gussformen gefunden wurden, liegt der Schluss nahe, dass der in der zweiten Hälfte des 12. Jahrhunderts in hoher Blüte stehende Magdeburger Bronzeguss auf dem Domplatz eine Gießhütte besessen hat. Schließlich sind zur Zeit Wichmanns zum ersten Mal die Marktsiedlung und die Domimmunität mit einer gemeinsamen Mauer zur Landseite, also nach Westen, umgeben worden. Ganz vollständig war dieser Mauerring jedoch nicht. So hatte Erzbischof Wichmann, auf den ottonischen Fundamenten stehend, der Stadt Magdeburg weitere entscheidende Impulse auf dem Weg zu einer mittelalterlichen Großstadt gegeben.

V. Der Weg zur „vullmechtigen“[1] Ratsherrschaft (13. Jh.)

Im 13. Jahrhundert vollzog sich in Magdeburg wie ganz allgemein in den deutschen Städten von Bedeutung die Etablierung der Ratsherrschaft. Der Erzbischof verlor in diesem Entwicklungsprozess fast vollständig seine Stadtherrenfunktion, ohne dass diese Position formal zu irgendeinem Zeitpunkt von Seiten des Erzbischofs aufgegeben worden ist. Damit entwickelte sich im 13. Jahrhundert ein Dualismus zwischen dem Magdeburger Erzbischof und dem von ihm weitgehend unabhängigen Rat, der zu einer Grundkonstanten in den kommenden Jahrhunderten und zu einer der wesentlichen Triebkräfte magdeburgischer Politik wurde. Es ist aufgrund der dürftigen Quellenlage allerdings mit Schwierigkeiten verbunden, ein genaueres Bild über die Zusammensetzung des Rates und die näheren Modalitäten in der Zeit vor 1330 zu erhalten. Im Jahr 1330 wurde nach einer überstandenen innerstädtischen Unruhe eine Ratsverfassung geschaffen, die uns im Kopialbuch von Gericke überliefert worden ist.[2]

E. Uitz hat auf die wichtige Rolle hingewiesen, die die Ministerialen innerhalb der städtischen Oberschicht in dem Prozess der Ratsbildung in der ersten Hälfte des 13. Jahrhunderts gespielt haben.[3] Schon in der wichmannschen Stadtrechtsbesserung von 1188, so Uitz, seien gemeinsame Interessen der Magdeburger Fernhändler und der in der städtischen Verwaltung und Gerichtsbarkeit tätigen Ministerialen in den für beide Gruppen gemeinsam benutzten Begriff „civis“[4] deutlich geworden. Sie macht deutlich, dass die mit städtischen Ämtern betrauten Ministerialen den ihnen aus dem Aufstieg des Stadtbürgertums erwachsenden Vorteil erkannten, der vor allem aus steigenden Einkünften durch Belebung des Marktverkehrs und der Möglichkeit, ihre Luxusbedürfnisse mit Importwaren zu befriedigen, bestand. Auf der anderen Seite, so Uitz, bedurften die stadtbürgerlichen Kräfte ihrerseits „anfangs der Rechtskenntnis, Verwaltungspraxis und sozialen Beziehungen dieser städtischen Ministerialen“.[5] Der Anteil der Ministerialen an der Entstehung eines gegenüber dem Stadtherrn weitgehend selbständigen Stadtrates wird in Magdeburg wie anderenorts erheblich gewesen sein. Genau nachvollziehen lässt sich diese Mitwirkung jedoch aufgrund der Quellenlage nicht. Engel macht auf die frühe kommunale Bewegung in Magdeburg, das Aufbegehren der Bürger gegen Erzbischof Norbert, aufmerksam. Die Opposition gegen

Norbert setzte sich wie gezeigt aus Domkapitel und Teilen der Ministerialen und Stadtbewohner zusammen.[6] Von daher ist in Magdeburg schon recht früh der Verschmelzungsprozess der Stadtbürger mit den Ministerialen, der im 13. Jahrhundert zur Herausbildung des städtischen Patriziats führte, festzustellen. Fast parallel zur Magdeburger Situation entwickelten sich auch in vielen anderen Städten aus Ministerialität und Stadtbürgertum häufig in einer oppositionellen Bewegung gegen den eigenen Stadtherrn die städtischen Führungsschichten, die für den weiteren Verlauf des Mittelalters in aller Regel die wichtigste gesellschaftliche Kraft innerhalb der Städte darstellten. In Köln, Worms, Cambrai, Trier, Mainz und Leipzig lassen sich ganz ähnliche Entwicklungen feststellen.[7]

1244 ist die Bildung des nun nicht mehr erzbischöflichen, sondern stadtbürgerlichen Rates vollzogen. Dass der Rat sich schon vor 1244 konstituiert haben könnte, ist von der Urkunde her nicht auszuschließen, da sie uns nicht die Bildung des Rates an sich mitteilt, sondern die Bestätigung der Innung der Schwertfeger (Waffenschmiede).[8] „Scabini, consules in Magdeburgk necnon universitas civium civitatis“ erteilen der Innung der Schwertfeger das Privileg. Noch dreißig Jahre zuvor, im Jahr 1214, hatte Erzbischof Albrecht II. wie seine Vorgänger Wichmann und Ludolf[9] die Privilegierung einer Innung selbst vorgenommen. In diesem Fall ging es um die Bestätigung der Privilegien Erzbischof Wichmanns für die Gewandschneider-Innung und um die Bestimmung, nach der die Einnahmen, die durch die Aufnahme von Mitgliedern in die Innung flossen, für das erst kürzlich gegründete Heilig-Geist-Hospital zur Verfügung gestellt werden sollten.[10] Zwischen diesem Rechtsakt im Jahr 1214 und der Privilegienbewidmung durch den Rat 1244 muss sich die Konstituierung des städtischen Rates vollzogen haben, wobei es kaum denkbar ist, dass während der Herrschaft Albrechts II. große Fortschritte auf diesem Weg erzielt worden sind, da Albrecht, der 1232 starb, ein ähnlich dominanter Erzbischof wie Wichmann gewesen ist.
Die entscheidende Phase der Herausbildung des Rates muss daher die Zeit zwischen 1232 und 1244, also unter Erzbischof Wilbrand gewesen sein. Als neue Obrigkeit hat sich in dieser Zeit der Rat etabliert. Magdeburg befindet sich mit dieser Entwicklung im Einklang mit den Städten der Region. Der Rat von Halberstadt wird erstmals 1241 erwähnt, der Rat von Haldensleben ist seit etwa 1250 belegt, in Burg und Quedlinburg ist ein Rat seit 1265 nachweisbar.[11]

Mit der Beurkundung des Schwertfegerprivilegs von 1244 hat der Magdeburger Rat auch amtlich gemacht, dass das Zunftbestätigungsrecht nicht mehr beim Erzbischof, sondern bei ihm lag.[12] Uitz sieht in dieser Zeit auch das Recht zur Stadtbefestigung, das in späterer Zeit so viel Konfliktpotential in der Auseinandersetzung zwischen Stadtherrn und Gemeinde in sich barg, an den Rat der Stadt übergehen.[13] Sie folgert dies aus einer Schenkung Erzbischof Wilbrands von zwei Morgen Land dicht an der Stadtmauer an die Stadt zu dem Zweck, dass die Stadt die Steine aus dem Boden dieses Landes herausnehmen und dieses Baumaterial zur Befestigung der Stadt einsetzen sowie die erzbischöfliche Residenz wiederaufbauen sollte.[14]

Völlig konfliktfrei gestaltete sich das Verhältnis zwischen Erzbischof Wilbrand und Magdeburg nicht. Aus dem Jahr 1238 ist eine Erhebung der Bürger gegen den Erzbischof überliefert, über die wir allerdings nur wenig erfahren. Die Schöppenchronik berichtet Folgendes über diesen Vorfall: „In dem 1238 jar breken de borger dat hus to Bideritz und vorherden dat dorp und de capellen: dat hus was des bischopes. Den krich, de dar van enstunt, den berichte des bischop van Halberstad twischen den borgeren und den bischop van Magdeburg.“[15] Aus diesem Bericht und der in den Erfurter Annalen zum Jahr 1238 erscheinenden Textstelle[16] ist zu folgern, dass die Magdeburger Bürger das erzbischöfliche Schloss zu Biederitz zerstörten und auch das Dorf und die Kapelle nicht verschonten. „Die Sache scheint in Verbindung gestanden zu haben mit einer im Jahre 1238 stattgehabten zwiespältigen Dompropstwahl, in welcher der Graf Albert von Gleichen über seinen mit ihm in heftiger persönlicher Feindschaft lebenden Gegner Bruno den Sieg davontrug, aber kurz darauf durch den Pfeilschuß eines der Diener Brunos, jedoch ohne des Letzteren Wissen, getötet wurde. Die zwischen dem Erzbischof und der Stadt entstandenen Zerwürfnisse wurden durch die Vermittelung des Bischofs von Halberstadt geschlichtet.“[17] Mehr ist über den Konflikt von 1238 nicht überliefert. Dennoch können wir ihn sicher als einen weiteren Schritt hin zur Gemeindebildung im Inneren und zur Emanzipation vom Erzbischof als Stadtherrn Magdeburgs betrachten. Für diese Interpretation spricht auch die am 10. Januar 1240 vorgenommene Bestätigung der Rechte der Stadt Magdeburg durch Erzbischof Wilbrand.[18]

Für Magdeburg als Stadt und als geistliches, politisches und wirtschaftliches Zentrum des Erzbistums war die erste Hälfte des 13. Jahrhunderts eine Blüte-

Magdeburger Reiter, um 1240 (Sandstein), als Zeichen erzbischöflicher Herrschaft vor dem Rathaus auf dem Alten Markt aufgestellt

zeit, vor allem unter Erzbischof Albrecht II., der von 1205 bis 1232 herrschte.[19] Magdeburg partizipierte an der in Mitteleuropa im 13. Jahrhundert allgemein zu beobachtenden Aufschwungphase. „Man kann den Beginn des 14. Jhs. als Abschluß der mittelalterlichen Wirtschaftsexpansion betrachten. Bis dahin nehmen wir auf allen Gebieten gleichmäßige Fortschritte wahr. Befreiung der ländlichen Bevölkerung, Rodung, Trockenlegen, Besiedlung, deutsche Kolonisation jenseits der Elbe, all dies geht gleichzeitig vor sich. Der Aufschwung des Gewerbes und des Handels hat Form und Wesen der Gesellschaft tiefgehend verändert. ... Die Bevölkerungsvermehrung ist ein unbestreitbares Zeichen der wirtschaftlichen Kraft und Prosperität.“[20]
Magdeburgs Aufstieg im 13. Jahrhundert dokumentiert vor allem die sich stark verdichtende kirchliche Kultur dieser Zeit.
„Die ganze Regierung des Erzbischofs Albrecht II. (1205 bis 1232) stellt sich dar als eine Ära reicher neuer Stiftungen und Gründungen, davon zeugen das Kloster St. Laurentii in der Neustadt (1209), das Franziskanerkloster, zuerst (1225) in der Neustadt, dann (um 1230) nach der Altstadt verlegt, das ... Paulinerkloster der Dominikaner (1224/25), das Stift St. Petri und Pauli, begründet noch zu Erzbischof Ludolfs Zeiten im Flecken St. Michael, von Erzbischof Albrecht nach der Neustadt verlegt (1228/29), das Kloster der Büßerinnen beatae Mariae Magdalenen (1230) und das Agnetenkloster in der Neustadt (ca. 1230). ... Dazu die Hospitäler, die Kapellen und die Altäre in den Kirchen ...“[21]

Der kulturelle Aufschwung Magdeburgs im 13. Jahrhundert korrespondierte mit einer Zunahme der Handelstätigkeit und politischer Autonomie des stadtbürgerlichen Rates. Für diese Zeit fehlen Angaben, die uns einen einigermaßen exakten Überblick über die Struktur des Magdeburger Handels in qualitativer und quantitativer Hinsicht geben können. Einen starken Hinweis auf den sich intensivierenden Handel liefert allerdings ein Privileg, das den Magdeburger Kaufleuten von den Grafen Johann I. und Gerhard I. von Holstein am 26. März 1254 erteilt wurde.[22] In diesem Privileg wurde den Kaufleuten aus Braunschweig, Magdeburg und den umliegenden Städten der Zoll zu Hamburg ermäßigt und eine Frist von vierzig Tagen zum Abzug eingeräumt im Falle einer „discordia“ zwischen dem Herzog von Braunschweig und den Grafen von Holstein. Zum ersten Mal, noch dazu zu einem recht frühen Zeitpunkt, nimmt hier, so scheint es, die Gruppe von regional zusammengehörigen Städten – die sich später, im 14. und 15. Jahrhundert, als Sächsischer Städtebund zusammenfanden – Konturen an. Schon hier, in der Mitte des 13. Jahrhunderts, wird die Hierarchie innerhalb dieses Bundes deutlich, indem Braunschweig und Magdeburg als einzige Städte namentlich genannt wurden, während die anderen Städte ungenannt bleiben, Braunschweig und Magdeburg gewissermaßen zugeordnet wurden, wenn von den Kaufleuten „de Bruneswic et Medeburg necnon aliorum opidorum et circumjacensium civitatum“ die Rede ist. Bekräftigt wird das Privileg vom 26. März 1254 durch eine Zollordnung aus den Jahren 1262 oder 1263 der Grafen Johann I. und Gerhard I. von Holstein für die „Kaufleute der Mark Brandenburg ... für die Kaufleute des Markgrafen von Meissen, des Erzbischofs von Magdeburg und des Herzogs von Braunschweig und Sachsen sowie für alle Fremden, welche Hamburg besuchen“.[23]

Es gibt noch einige weitere Zeugnisse Magdeburger Aktivitäten in handelspolitischer Hinsicht im 13. Jahrhundert, die zwar in relativ großen zeitlichen Abständen aufeinander folgen, in der Summe aber einige Aussagen über den Magdeburger Handel in dieser Zeit zulassen. 1267/68 kam es zu einer gemeinsamen Aktion der sächsischen Städte, die sich gegen die flandrische Stadt Gent richtete.[24] Die Städte Bremen, Stade, Hamburg, Lüneburg, Quedlinburg, Halberstadt, Helmstedt, Goslar, Hildesheim, Braunschweig, Hannover, Wernigerode und alle Städte Sachsens legten gegen eine Maßnahme der Stadt Gent Beschwerde ein, nach der die sächsischen Kaufleute, die in Gent handelten, zur Verantwortung gezogen werden sollten für die Beraubung Genter Kaufleute auf sächsischem Gebiet.[25] Die Städte begründeten ihre Beschwerde damit, dass sie nicht einmal ihre eigenen Kaufleute vor den Raubrittern schützen könnten. Sie könnten daher für die Waren der Genter Kaufleute lediglich innerhalb ihrer eigenen Mauern Sorge tragen. Die Städte drohten in diesem Beschwerdebrief mit der Einstellung des Handels mit Gent, falls es den Beschluss nicht zurücknähme. Über die Wirkung dieser Drohung geben die Quellen keinen Aufschluss. Erstmals wurde in diesem gemeinsamen Vorgehen der sächsischen Städte ungefähr der Kreis der Städte umrissen, aus dem sich im 14. und 15. Jahrhundert der Sächsische Städtebund rekrutierte.[26] Magdeburg schloss sich kurze Zeit später dem Protest an.[27] Für Magdeburg belegt der Vorgang von 1267/68 die Existenz von Handelsbeziehungen zum flandrischen Wirtschaftsraum in nicht unerheblichem Umfang. Dieses Indiz wird durch eine Aktion der sich am entstehenden Brügger Kontor beteiligenden Städte, unter denen sich auch Magdeburg befindet, bekräftigt.

Im Jahr 1280 gerieten die deutschen und andere ausländische Kaufleute in Streitigkeiten mit Brügge, in deren Folge sie die Stadt verließen und nach Aardenburg gingen, wo sie bis 1282 blieben. Im Sommer dieses Jahres kehrten sie wieder nach Brügge zurück, nachdem nicht nur die alten Rechte und Privilegien der ausländischen Kaufleute bestätigt, sondern neue Rechte erworben worden waren, wobei hier das Recht hervorzuheben ist, das den Ausländern gestattete, ohne Einschalten der Brügger Kaufleute als Makler unmittelbar Handel zu treiben.[28] Die Verhandlungen in dieser Sache wurden nicht von den in Flandern ansässigen deutschen Kaufleuten geführt, sondern von Abgesandten des Lübecker, des Dortmunder und des Soester Rates.[29] Eindeutig fiel Lübeck die Führungsrolle auf Seiten der Hansestädte zu.[30] Vor der Verlegung des Stapels von Brügge nach Aardenburg holte Lübeck die Zustimmung der sächsischen, westfälischen und preußischen Städte und Wisbys ein. Von den sächsischen Städten liegen die Stellungnahmen Goslars[31], Halberstadts[32], Halles[33] und Magdeburgs[34] vor.

Grundlage für den Handel deutscher Kaufleute in Flandern war ein Privileg der Gräfin Margarethe von Flandern und ihres Sohnes Graf Guido aus dem Jahr 1252.[35] Von diesem Zeitpunkt an nahm der Handel der Hansestädte mit Flandern einen starken Aufschwung.[36] „Den lebhaften Verkehr der deutschen Kaufleute in Flandern um jene Zeit, in Brügge, Gent, auf den Märkten von Thoront und Lille sowie nach Frankreich hin bezeugen die Zahlungsanweisungen und Bescheinigungen und die Schuldbekenntnisse des Lübeckers Reinekinus Mornewech aus dem Jahr 1290 ... Ausdrücklich werden in ihnen erwähnt die Bürger von Braunschweig (d. h. wohl überhaupt aus Niedersachsen, M. P.), Erfurt, Hamburg, Herford, Lübeck, Magdeburg, Riga, Stendal."[37]

Magdeburgs Handel war nicht nur nach Westen ausgerichtet, sondern lief auch in östlicher Richtung, was eine gemeinsame Aktion einer Reihe von Hansestädten am Ende des 13. Jahrhunderts beweist. 1294/95 wurde der Oberhof für das hansische Kontor in Nowgorod von Wisby nach Lübeck verlegt. Wie schon bei der Verlegung des Kontors von Brügge nach Aardenburg 1280/82 stimmten die sächsischen Städte ihr Verhalten in dieser hansischen Angelegenheit ab, was daraus hervorgeht, dass die Antwortschreiben der Städte Magdeburg, Halle, Braunschweig, Goslar, Hildesheim, Hannover und Lüneburg in dichter zeitlicher Folge abgeschickt wurden.[38] Die Schreiben gingen in zwei Schüben hinaus. Zwischen Ende November 1293 und Ende Januar 1294 schrieben Magdeburg, Halle, Braunschweig und Goslar, im Oktober 1294 in geringem zeitlichem Abstand Hildesheim, Hannover und Lüneburg. Es lässt sich aus dem Vorgang zudem ein enges Verhältnis zwischen der sächsischen und der wendischen Städtegruppe erkennen, da in einem Schreiben Rostocks an verschiedene rheinische und westfälische Städte und an Hamburg aus dem Jahr 1293, in dem um die Zustimmung zur Verlegung des Oberhofes für den St. Peterhof in Nowgorod nach Lübeck geworben wird, von einem Beschluss der „mercatores civitatum Saxonie et Slauie“ die Rede ist.[39]

Magdeburg war an den in der zweiten Hälfte des 13. Jahrhunderts entstehenden Kontakten und Aktionen der norddeutschen Städte beteiligt, so wie auch die Magdeburger Kaufleute in den frühhansischen Handel bereits stark mit einbezogen waren. Die Hauptausrichtung dieses Handels ist zu erkennen. Der Magdeburger Handel verlief vor allem in westliche, nördliche und östliche Richtung. Wie alle norddeutschen Städte mit Tuchproduktion und Gewandschnitt war auch Magdeburg auf den flandrischen Wirtschaftsraum hin ausgerichtet. Auf der Elbe lief der Handel in nördlicher Richtung nach Hamburg, und auch in Nowgorod waren Magdeburger Kaufleute vertreten. Insofern zählt Magdeburg zu den Städten, die von Beginn an zur entstehenden Hanse gehörten und sie mitgestalteten. Ebenso ist Magdeburg schon früh an den aufkommenden Städtebündnissen beteiligt. Diese Städtebünde trugen dazu bei, die sich allmählich entwickelnde städtische Autonomie außenpolitisch abzusichern. Immerhin demonstrierte der Magdeburger Rat mit der Teilnahme an den ersten Städteverbindungen, die vor allem der Herstellung eines gemeinsamen Stadtfriedens dienten und noch nicht den Charakter von Schutz- und Trutzbünden besaßen, Handlungsfähigkeit und Selbständigkeit. W. Ehbrecht konstatiert für die Zeit am Ende des 13. und im 14. Jahrhundert allerdings fehlende bündnispolitische Aktivität Magdeburgs ebenso wie eine vom Erzbischof ausgehende aktive Landfriedenspolitik.[40]

Die gestiegene Bedeutung des Magdeburger Stadtbürgertums in politischer und ökonomischer Hinsicht wurde auch in Verhaltensweisen und Symbolen sichtbar. 1279 wurde von Brun von Schönebeck ein Ritterturnier in Magdeburg nach adligem Vorbild durchgeführt.[41]

Etwa zu dieser Zeit erweiterte sich der bis dahin achtköpfige Magdeburger Rat – „vier Ratsherren aus dem Schöffenkollegium und vier Ratsherren aus der ratsfähigen, das heißt, zum conventus civium zählenden Bürgerschaft.

Letztere wurden im Kooptationsverfahren jeweils für ein Jahr gewählt“[42] – zu einem dreizehnköpfigen Gremium. Zusätzlich holte sich der Rat weiteren Rat bei einem Gremium, das wahrscheinlich nur sporadisch tagte, was aus dem Zusatz bei Ratsbeschlüssen „mit der wisesten liute rat“ hervorgeht.[43] Allerdings hat der Rat in der zweiten Hälfte des 13. Jahrhunderts noch nicht die nahezu unumschränkte Macht in der Stadt wie im 14. Jahrhundert, darauf macht Schranil aufmerksam. Er folgert dies aus dem Gralspiel des Jahres 1281, überliefert in der Schöppenchronik,[44] das nicht vom Rat, sondern von den Patriziern organisiert wurde.[45] Über das Selbstverständnis des Magdeburger Patriziats sagt dieses nach höfischem Vorbild ablaufende Spiel einiges aus. Teilnehmer waren Patrizier aus Goslar, Hildesheim, Braunschweig, Quedlinburg, Halberstadt und einer Reihe namentlich nicht genannter Städte. Das Gralspiel, das rund hundert Jahre später, 1387, in Magdeburg stattfand, wurde vom Rat übernommen. Für das späte 13. Jahrhundert folgert Schranil, dass der Rat noch nicht die Macht wie im weiteren Verlauf des Mittelalters besaß, was auch in der mächtigen Stellung des Schöffenkollegs in Magdeburg begründet war.[46]

Eine Verfassungsänderung, deren Ursache weitgehend im Dunkeln liegt, ist seit 1281 feststellbar. Am 4. Oktober 1281 überließ der Rat von Magdeburg „den Fettmengern ein Haus außerhalb der Stadt gegen eine jährliche Abgabe von 9 Mark und verbietet[,] an einem anderen Orte Fett zu schmelzen. Auch verspricht der Rat, die Fettmenger gegen Belästigungen durch die Erzbischöfe zu schützen.“[47] Diese hier neu eingeführte Regelung wird durch fünf Meister der Innungen unterzeichnet, die entweder die großen oder die patrizischen Innungen genannt werden.[48] Es handelt sich um die Innungen der Händler, Krämer, Kürschner, Gerber und Leinwandschneider.[49] Bei allen wichtigen städtischen Angelegenheiten werden in Zukunft die fünf Innungsmeister neben den Ratsherren, jedoch nie alleine, genannt. „Sie haben aber in der Verfassung der Stadt keine eigene Kompetenz, kein Amt, erscheinen nie selbständig, sondern immer nur im Verein mit den Ratmannen und zumeist auch nur dann, wenn auch die universitas civium, das Burding, urkundlich genannt wird. Innerhalb der Stadtverfassung haben sie eine rechtliche Stellung nur insofern, als sie angesehene Bürger sind und daher keine wichtige Angelegenheit der Stadt ohne sie geschehen kann. Ihre Stellung erscheint also mehr als eine politische, denn als eine rechtliche. Daher kann es kommen, dass in politisch besonders schweren Zeiten neben den Meistern der grossen Innungen auch Meister der kleinen Innungen hervortreten, so im Jahr 1315.“[50]

In der Urkunde von 1281 scheint auch wieder der spätestens seit der Mitte des 13. Jahrhunderts immer zumindest latent vorhandene Konflikt zwischen dem Rat, damit der Gemeinde, und dem Erzbischof als Stadtherrn auf. Die „civitatis consules“ verpflichten sich, den Fettmengern bei Bedrückung durch den Stadtherrn, „dominus noster archiepiscopus“, große Unterstützung zu gewähren. Dieser zunächst scheinbar nebensächliche Zusatz in der Urkunde von 1281 bekommt eine fast prophetische Bedeutung, wenn man sich Magdeburgs Entwicklung in den folgenden Jahrzehnten anschaut, in denen sich die erreichte Teilautonomie der Stadt gegenüber dem Erzbischof nur in schweren Auseinandersetzungen weiter ausbauen ließ.[51]

Der erste innerstädtische Konflikt in Magdeburg, der in seiner Ursache und seinem Verlauf nachvollziehbar ist, hängt unmittelbar mit dem Emanzipationsprozess der Stadt Magdeburg vom erzbischöflichen Stadtherrn zusammen und offenbart zum erstmalig in der Geschichte Magdeburgs Spannungen innerhalb der führenden Gruppen der Bürgerschaft. Das Jahr 1293 brachte „twidracht und krich in dusser stad“[52], die am 2. Februar ausbrachen. Die Krisenphänomene verstärkten sich in diesem Jahr noch dadurch, dass die Johanniskirche und das Rathaus am 29. Juni einem großen Stadtbrand zum Opfer fielen.[53] Beide Gebäude wurden allerdings wieder aufgebaut, und schon am 25. November desselben Jahres konnten die Ratsherren wieder in ihr Rathaus einziehen.[54] Über den Verlauf der „twidracht“ setzt uns der umfassende Bericht in der Magdeburger Schöppenchronik in Kenntnis. Einen unmittelbaren Anlass dieser Unruhe teilt die Schöppenchronik nicht mit. Zu Blutvergießen wie in den Unruhen anderer Städte kam es in dieser „twidracht“ nicht. Die „twidracht“ entwickelte sich auf folgende Weise:
„Im Jahre 1293 vor Lichtmeß[55] ... erhob sich eine große Zwietracht und Streit in der Stadt und fanden große Umwandlungen statt. Es setzten nämlich der Gewandschneidemeister Hans von Honstein, der Kürschnermeister Tilo Weske, der Krämermeister Bete König und einer Namens Westphal einen Brief auf, machten neue Gesetze, und bestimmten unter anderem darin, daß man jeden aus dem Rat verweisen und vertreiben sollte, der in der Fürsten Rate sich befinde oder ihre Kleidung trüge[56] ... Vor Himmelfahrt sandten die Ratsleute zu den Schöppen und baten sie, dem Rat die den Schöppen zugehörige Kammer zu überlassen; als aber die Schöppen sie ihnen nur leihweise überlassen wollten, lehnten die Ratmannen das ab. Am Sonnabend vor St. Peter und Paul[57] ... sandten die letzteren und die Innungsmeister abermals zu allen

Schöppen und sprachen zu ihnen: Ihr Schöppen sollt uns die Kammer einräumen, die wir haben wollen; die Kammer gehört uns, wir geben der Stadt Zins dafür und haben sie für unser Geld gebaut … Mit lautem Geschrei sagten die Ratmannen und Innungsmeister zu den Schöppen sehr unbescheidene Worte, und verlangten die Bücher, in denen die Auflassungen eingetragen standen, und drohten sie zu zerreißen.“[58]

Bei den erwähnten Büchern handelt es sich um Hypothekenbücher, die sich von nun an im Besitz des Rates befanden, der damit die Kontrolle über die Grundstücksgeschäfte in der Stadt erhielt.[59]

Wappenstein vom Magdeburger Schöffenstuhl, 1590 (Sandstein)

Es wird in dem Konflikt von 1293, der 1295 noch einmal auflodert und auch danach nicht beigelegt ist, deutlich, dass am Ende des 13. Jahrhunderts Teile der Magdeburger Bürgerschaft ökonomisch so erstarkt und politisch so selbstbewusst geworden sind, dass der Kampf um die politische Macht in der Stadt voll entbrennt. Es handelt sich hierbei nicht um einen Konflikt zwischen den führenden Gruppen in der Stadt und den nachdrängenden mittleren Schichten, die auf Teilhabe am Ratsregiment dringen wie in anderen Städten, sondern um die Reduzierung des Einflusses von Seiten des Erzbischofs auf die Stadtpolitik. Als sein verlängerter Arm fungieren die von ihm eingesetzten Schöffen, die noch zu 50 Prozent den Rat bilden. Als dritte Gruppe, seit 1281 nachweisbar, nehmen die Innungsmeister der Händler, Krämer, Kürschner, Gerber und Leinwandschneider an den Ratsgeschäften aktiv Anteil, ohne dass dies verfassungsrechtlich bereits seinen Niederschlag gefunden hätte. Es sind Innungsmeister aus diesem Personenkreis, die mit ihren Forderungen auf das Zurückdrängen des Schöffeneinflusses innerhalb des Rates die innerstädtische Unruhe auslösen. Dabei treten Gruppenbildungsprozesse zutage, die Gudrun Gleba so beschreibt: „... die städtischen Verwaltungsorgane sind dreigeteilt, wobei den Schöffen als Parteigängern des Bischofs die Opposition von Ratsherren und Innungsmeistern gegenübersteht. Die Innungsmeister werden in der Chronik als treibendes Element dargestellt, die Ratsherren votieren im Konfliktfall aber ebenfalls gegen die Schöffen und für eine Ausweitung der städtischen Kompetenzen. Zu diesem Zeitpunkt sind nur die großen, kaufmännisch orientierten Innungen ratsfähig, ohne daß ihre Meister jedoch als Ratsherren bezeichnet würden. Ratsherren und Meister stellen zwar gemeinsam den Rat, bleiben aber deutlich begrifflich voneinander getrennt als Vertreter verschiedener Gruppen erkennbar. Die kleinen Innungen werden vorläufig noch von den großen vertreten. Ansätze einer gemeindlichen Organisationsform lassen sich weder sprachlich noch faktisch ausmachen.“[60]

Offenbar überkreuzen sich politische und ökonomische Interessen, Gruppeninteressen und am Gemeinwohl orientiertes Interesse. Den Schöffen wird vorgeworfen, willkürlich und zum eigenen Vorteil mit der Steuer zu verfahren und Spekulationsgeschäfte zum Schaden der Stadt zu betreiben. Die Forderung, die gleich zu Beginn der Auseinandersetzungen von den Innungsmeistern erhoben wird, dass derjenige, der „in der Fürsten Rat sich befinde oder ihre Kleidung trüge“, aus dem Rat verwiesen werden solle, wird nicht begründet. Welchen schädlichen Einfluss der Erzbischof über seine Schöffen auf den Rat ausübte, wird also nicht deutlich. Neben dem Vorwurf der persönlichen Vorteilsnahme durch die Schöffen, dessen Stichhaltigkeit nicht überprüft werden kann, sind Forderungen nach Übergabe der Kammer und der Grundbücher, 1295 schließlich nach der Übernahme der niederen Gerichtsbarkeit durch den Rat erhoben worden. Hier geht es eindeutig um das Zurückdrängen des erzbischöflichen Einflusses auf eminent wichtige Felder städtischer Politik, die vor allem für die Weiterentwicklung der städtischen Territorialpolitik von höchster Bedeutung waren. Als Grund für das Vorgehen der Innungsmeister, dem sich letztlich die Ratsherren, die nicht zugleich Schöffen waren, anschlossen, würde der schon seit längerem schwelende und nun offen ausbrechende Kampf um die Macht in der Stadt zwischen den Bürgern und dem Erzbischof sicherlich bereits ausreichen. Aber übersehen werden sollte der Hinweis von Uitz auf den in der Argumentation der Innungsmeister durchscheinenden ökonomischen Konflikt zwischen den handeltreibenden Ratsherren und Innungsmeistern auf der einen Seite und den Schöffen auf der anderen Seite nicht. Offenbar betätigten sich die Schöffen nicht nur als erzbischöfliche Ministeriale, sondern auch als Fernkaufleute und wurden so zu ernsthaften Konkurrenten des anderen Teiles des Rates.

Im Ergebnis der Unruhe von 1293/95 haben die Ratsherren und Meister einen Teilerfolg errungen. 1293 waren sie in den Besitz von Kammer und Grundbüchern gekommen.[61] 1295 flackerte die Unruhe wieder auf.[62] Die zentrale Forderung betraf die Erlangung der niederen Gerichtsbarkeit durch den Rat. Nach einer Beratung mit „unsen wittigesten borgeren“ wird diese Forderung an die Schöffen gerichtet.[63]

„Der Rat repräsentiert mit diesem Verweis auf ein allgemeines Bedürfnis zur Veränderung der Gerichtskompetenzen natürlich nicht eine ‚öffentliche Meinung‘, macht aber ganz deutlich, wie sich Ratsherren und Meister als die eine Spitze der städtischen Verwaltung von den Schöffen als der anderen Spitzengruppe unterscheiden: der Rat ist in seiner Funktion als Anlaufstelle für Sorgen und Fragen der Bürger ein magdeburgisch-städtisches Organ, die Schöffen dagegen eine Unterabteilung der erzbischöflichen Blutgerichtsbarkeit.“[64]

Dem Hinweis der Schöffen darauf, dass mit einer Übertragung der Gerichtsbarkeit auf den Rat gegen das Recht des Kaisers und gegen das Recht, mit dem die Stadt bewidmet worden war, verstoßen würde, begegnen Meister und

Rat mit der Absetzung der alten und der Neueinsetzung von neuen Meistern. Im weiteren Verlauf der Unruhe kann der Erzbischof sein Investiturrecht bzw. das Kooptationsrecht (Selbstergänzungsrecht) der Schöffen wieder durchsetzen. Aber de facto bleibt wohl von nun an ein gewisser Einfluss des Rates auf die Neubesetzung der Schöffenämter, denn ein Teil der vom Rat eingesetzten Schöffen wird bei der Neubesetzung des Schöffengremiums bestätigt.

Ein für die Stadt Magdeburg wichtiger Erfolg besteht in der von nun an vollzogenen Trennung zwischen Rat und Schöffen. Die Schöffen scheiden als Mitglieder des Rates aus.[65]
Die zweifellos intensiven Verhandlungen zwischen dem Rat auf der einen, dem Erzbischof und dem Domkapitel auf der anderen Seite zur Beilegung des Konfliktes schlagen sich in zwei Urkunden vom 6. Januar und vom 30. Mai 1294 nieder.[66] In diesen wird geregelt, dass der Magdeburger Rat das Besetzungsrecht für das Schultheißenamt erhält (bei gleichzeitiger Beibehaltung der formalen Einsetzung in das Amt durch den Erzbischof) und das Burggrafenamt vom Erzbischof zurückkauft, das dann zu einem unveräußerlichen Amt gemacht wird, um auszuschließen, dass andere Herrscher wie etwa die sächsischen Herzöge auf die Politik der Stadt Magdeburg Einfluss nehmen können.[67]

Die Unruhe in Magdeburg 1293/95 stellt sich nicht als isoliertes Ereignis dar. In der zweiten Hälfte des 13. Jahrhunderts beginnt eine Welle von innerstädtischen Unruhen, die im Wesentlichen auf zwei Hauptentwicklungen zurückzuführen ist.
Zum einen vollzieht sich in den verfassungsgeschichtlich jungen deutschen Städten in dieser Zeit ein innerer sozialer und ökonomischer Differenzierungsprozess, der einerseits verschiedene soziale Schichten überhaupt erst entstehen lässt, andererseits Druck von unten auf die herrschenden Machtverhältnisse in der Hinsicht ausübt, dass ökonomisch erstarkte Gruppen, in der Regel organisiert in Innungen, die keine politische Repräsentanz im Stadtrat besaßen, diese aufgrund ihrer gestiegenen Bedeutung innerhalb der Stadt häufig gewaltsam einforderten.
Diese Entwicklung lief zum anderen parallel zum Prozess der Gemeindebildung, die wiederum vor allem vom Loslösungsprozess von der fürstlichen Stadtherrschaft geprägt wurde. Es gibt viele Beispiele dafür, wie sich beide Entwicklungen überkreuzen und in ihrer Wirkung verstärken und es dadurch

zu inneren Konflikten kommen kann. Die Unruhe von 1293/95 scheint ja, auf den ersten Blick betrachtet, vor allem ein Konflikt zwischen – vereinfacht gesagt – freien Stadtbürgern und Parteigängern des Erzbischofs gewesen zu sein. Erst bei näherem Hinsehen erkennt man auch ökonomische Rivalitäten zwischen einzelnen Gruppen innerhalb der Stadt. Im 14. und 15. Jahrhundert wurden innerstädtische Unruhen von den entmachteten Stadtherren nicht selten benutzt, um ihre verloren gegangene Macht in den Städten wieder herzustellen, was auch vereinzelt, wie etwa in Halle 1478 gelang.[68] Zur verbreiteten Taktik der Stadtherren gehörte es dabei, sich mit der oppositionellen Bewegung in der betreffenden Stadt zu verbünden, um im geeigneten Moment die geschwächte Stadt zurückzuerobern. Diese Gefahr beschwor der Braunschweiger Zollschreiber Hermann Bote in seinem „Schichtbuch“ von 1514, als er feststellte, dass „Schichten“, also innere Konflikte, die Städte in die Gewalt der Fürsten brächten.[69] Allerdings haben längst nicht alle „Schichten“ die betroffenen Städte geschwächt und das Ende der Stadtfreiheit gebracht.

Eine andere Beobachtung zeigt, dass eine Unruhe, die in einer Stadt ausbrach, in anderen Städten Unruhen auslösen konnte, was darauf hinweist, dass die soziale, ökonomische und politische Verfassung in vielen Städten ähnliche Strukturen aufwies. Die Unruhe von 1293/95 in Magdeburg könnte unmittelbar beeinflusst worden sein durch die „Schicht der Gildemeister“, die 1292 in Braunschweig ausbrach und bis 1294 dauerte. In den Schriftquellen findet sich erwartungsgemäß kein Hinweis auf diese Vermutung. Aber der zeitliche Zusammenhang ist zu offensichtlich, als dass diese Möglichkeit nicht wenigstens in Erwägung zu ziehen ist.
Es handelte sich bei der Braunschweiger „Schicht“ von 1292/94 um einen Partizipationskonflikt, in dem sich die Forderung der Innungsmeister nach Teilhabe an der politischen Führung eruptiv Bahn brach. Der Konflikt entzündete sich an Kompetenzrangeleien, wie der Überwachung von Maßen und Gewichten auf dem Markt.[70] Demonstrativ feierten die Gildemeister in Braunschweig ihr eigenes Fest, als der Rat nach altem Brauch am Johannistag das Auctorsmahl halten wollte, „ein Gelage zu Ehren des Stadtheiligen, dessen Schrein in einer Prozession um die Stadt getragen wurde“[71]. Provozierend fischten die Gildemeister auch noch in den Ratsteichen.

Auch wenn signifikante Unterschiede zwischen der braunschweigischen Schicht der Gildemeister von 1292/94 und dem magdeburgischen Konflikt

von 1293/95 bestehen, bleibt doch eine ganz entscheidende Gemeinsamkeit auffällig: In beiden Fällen waren die Gildemeister bzw. Innungsmeister das treibende Moment der Unruhe. Da auch andere Unruhen des 13. und 14. Jahrhunderts dieses Spezifikum aufweisen, wurde in der älteren Literatur häufig der vereinfachende Sammelbegriff „Zunftkämpfe“ für diese Unruhen benutzt.[72] Seit Karl Czoks Arbeit über „Zunftkämpfe, Zunftrevolutionen oder Bürgerkämpfe“ kann der Begriff „Zunftkampf“ bzw. „Zunftrevolution“ nicht mehr so unbedenklich benutzt werden, da Czok zeigen konnte, dass sich in aller Regel in den Stadtunruhen des späten Mittelalters die „Regierungsseite“ und die „Opposition“ nicht so eindeutig in „Patriziat“ und „Zünfte“ aufspalten lässt.[73] Um der Komplexität der spätmittelalterlichen Unruhen und ihrer Ursachen und Kontrahenten gerecht zu werden, ist der Begriff „Konflikt“ bzw. „Stadtkonflikt“ inzwischen eingeführt worden.[74] Trotz der Begriffserweiterung von „Zunftunruhe“ zum „Stadtkonflikt“ bleibt der Anteil der Innungen an der Braunschweiger Unruhe von 1292/94 und der Magdeburger Erhebung von 1293/95 sehr stark. Es spricht durchaus eine gewisse Wahrscheinlichkeit für Verbindungen zwischen den beiden Ereignissen.
Ende September 1292 begann die Krise in Braunschweig, am 2. Februar 1293 die Magdeburger „twidracht“. Hier besteht ein recht enger zeitlicher Kontext. Die Kontakte zwischen den Städten waren durch die ersten bündnispolitischen Bestrebungen und das gemeinsame Bemühen, die Straßen zu sichern und Handelsprivilegien auch im Ausland zu erlangen, schon sehr eng. Hinzu kommen personale Verflechtungen zwischen den Städten. Eine spezielle Kommunikation bestand auf der Ebene der Innungen. Ein Beispiel aus dem 14. Jahrhundert belegt diese Annahme. 1374 brach die „Große Schicht“ in Braunschweig los, die acht Bürgermeistern das Leben kostete.[75] In der Folge etablierte sich ein neuer Rat, die alten Geschlechter mussten unter Zurücklassung ihres Besitzes teilweise fliehen und wurden verfestet, d. h. der Stadt verwiesen. Die Hanse reagierte als Hüterin der alten, patrizischen Ordnung und schloss Braunschweig am 24. Juni 1375 aus der Gemeinschaft der Städte aus. In ihrer Not versuchte die Stadt Bündnispartner zu gewinnen und verfiel darauf, die Gilden in den Städten Lübeck, Hamburg und Lüneburg zu bewegen, ihre Ratsgremien von der Einmischung in die braunschweigischen Angelegenheiten abzuhalten.[76] Dieser Versuch scheiterte jedoch.

Dieses Beispiel aus der zweiten Hälfte des 14. Jahrhunderts zeigt doch sehr deutlich, wie eng die Verbindungen zwischen den Innungen im Hansegebiet

waren. Der Verlauf der Unruhen in Magdeburg 1293/95 allerdings wurde stark durch Faktoren, die für die Situation in Magdeburg spezifisch waren, geprägt.
Für die Innungsmeister, die die Hauptverantwortung für die Unruhe 1293/95 in Magdeburg trugen, nahm diese Episode um 1300 ein böses Ende: „Die Innungsmeister, die in ihrem Überamte nicht Maß und Ziel kannten und durch das tragische Ende ihrer Kollegen in Braunschweig[77] nicht zurückgeschreckt[,] den Magistrat verdrängen und das Stadtregiment an sich reißen wollten, mußten bald darauf ihr ehrgeiziges Streben auf das härteste büßen. Vom Erzbischof und dem Rate ward ihnen der Prozeß gemacht, sie wurden der Verräterei an beiden beschuldigt, zum Tode verurteilt und auf dem alten Markt lebendig verbrannt. Durch dieses furchtbare Beispiel der strafenden Gerechtigkeit wurden ihre Anhänger dermaßen eingeschüchtert, daß sie es nicht wagten, die Ruhe und den Frieden weiterhin zu stören.“[78]

Diese nicht ohne Tendenz wiedergegebene Einschätzung von Gustav Hertel und Friedrich Hülße, die den „Unruhestiftern“ einseitig die Schuld an der Unruhe gibt, lässt aber auch erkennen, dass es zumindest die Kenntnis in Magdeburg über die Vorkommnisse in Braunschweig und umgekehrt mit Sicherheit gegeben hat, ohne dass damit über die tatsächliche Beeinflussung der eigenen Handlungsweise durch dieses Wissen Aussagen zu treffen sind. Die Schöppenchronik erwähnt übrigens die Verbrennung der Innungsmeister auf dem Marktplatz in Magdeburg nicht. Dafür berichten die „Gesta Archiepiscoporum Magdeburgensium“ mit einem Satz über dieses Ereignis: „in civitate Magdeburgh magistri unionum cremati fuerunt in foro propter prodicionem eis inpositam.“[79] Diese Nachricht bezieht sich offenbar auf die Jahre 1301 oder 1302. Die Einseitigkeit der Quellensituation macht allerdings die Anmerkung notwendig, dass die Hinrichtung der Innungsmeister von der erzbischöflich eingefärbten Geschichtsschreibung möglicherweise nur zur Abschreckung zukünftiger „Unruhestifter“ erfunden worden ist.

Die in Magdeburg und Braunschweig für die Entstehung der Unruhe verantwortliche Konfliktsituation stellte sich in anderen Städten ähnlich dar. Ehbrecht zählt rund vierzig Städte, die um 1300 von Stadtkonflikten erfasst wurden, wobei er nur die aufführt, die von der Forschung erfasst worden sind: Speyer, Dortmund, Soest, Wetzlar, Nordhausen, Stendal, Goslar, Ulm, Magdeburg, Bern, Hildesheim, Osnabrück, Lauban, Gent, Görlitz, Minden,

Trier, Augsburg, Koblenz, Worms, Utrecht, Basel, Groningen, Wesel, Wien, Marburg, Mühlhausen, Lüttich, Stralsund, Esslingen, Lippstadt, Regensburg, Worl, Brakel, Nordhausen, Ravensburg, Breslau, Naumburg, Fulda, Frankfurt, Mainz, Braunschweig, Bremen, Rostock und Erfurt.[80] Ehbrecht beschreibt die in allen Stadtkonflikten um 1300 mehr oder weniger ausgeprägte Grundkonstellation so: „Man wird ... besonders vorsichtig mit der Interpretation sein, die Stadtkonflikte als eine ‚Welle‘ zu verstehen, obwohl dies etwa für den flandrischen Raum ... kleinräumiger durchaus anzunehmen ist. Vielmehr gilt, dass bei Städten mit ähnlichen sozialen und wirtschaftlichen Voraussetzungen und einer in der Emanzipation und Ausformung ihrer Freiheit gleichermaßen weit fortgeschrittenen Entwicklung um 1300 eine Etappe erreicht war, die nach außen hin von der Abwehr inzwischen intensiverer fürstlicher Gewalt und nach innen von der Entscheidung aller Bürgergruppen für die Gemeinde gekennzeichnet war.

Vor allem die Gruppen des Patriziats, die aus der Ministerialität erwachsen waren, mußten sich entscheiden, ob sie ihre herrschaftlichen Verpflichtungen und auch Privilegien weiter aufrechterhalten konnten. Die ihnen nach wirtschaftlicher und wohl auch sozialer Einschätzung ebenbürtigen Gruppen von Kaufleuten und exportorientierten Handwerkern drangen offensichtlich darauf, die Grenze zu den Stadtherren scharf zu ziehen.“[81]

VI. Vom Bischofsmord 1325 bis zum Vertrag von 1497: Fortschreitende Emanzipation der Bürger- und Hansestadt vom Stadtherrn

Der Magdeburger Stadtkonflikt von 1293 war spätestens, wenn man den „Gesta“ folgt, 1301/02 mit der Hinrichtung der aufrührerischen Innungsmeister vorüber. Der Grundkonflikt zwischen der nach Autonomie strebenden Bürgerstadt und dem Erzbischof, der als Stadtherr immer mehr Rechte über die Stadt verlor, war mit dem Ende der Unruhe längst noch nicht beigelegt worden. Im Gegenteil; der Konflikt von 1293–1301/02 bildet nur eine Etappe in einem lang gestreckten Prozess der Loslösung der Stadt vom Stadtherrn. Die sukzessive Aushöhlung der stadtherrlichen Gewalt ist gerade am Ende des 13. Jahrhunderts weiter fortgeschritten. 1292 ließ sich der Magdeburger Rat als Gegenleistung für eine einmalige außerordentliche Steuer, die der Erzbischof im Krieg mit dem Herzog von Braunschweig erhob, versichern, dass zusätzliche Steuern nur mit Zustimmung des Domkapitels und der Magdeburger Bürger erhoben werden dürften.[1] 1296 konnte sich die Stadt das erzbischöfliche Bärmeamt, von dem die Brauer die Hefe (Bärme) zum Brauen erwerben mussten, sichern.[2]

Der nächste sich fast folgerichtig ergebene Konflikt zwischen dem Erzbischof und der Stadt Magdeburg entstand im Jahr 1306, und er entzündete sich an der Frage der Schlüsselgewalt über die Herrenpforte.[3] Der Begriff „Herrenpforte“ deutet auf die Funktion der Pforte als Durchlass für die Domherren hin, wenn diese sich in ihre Kurien begaben, die vor allem in der Sudenburg lagen.[4] Ganz neu scheint der Konflikt um die Herrenpforte nicht gewesen zu sein, das erste schriftliche Zeugnis bezieht sich aber auf 1306, so dass lediglich aus einigen Bemerkungen der Schöppenchronik zu folgern ist, dass die Schlüsselgewalt über die Herrenpforte schon vor 1306 ein Streitpunkt zwischen Erzbischof und Stadt war. 1306 ereignete sich nach der Schöppenchronik Folgendes: Auf Veranlassung der Domherren waren dem Pförtner der Altstadt die Schlüssel der Herrenpforte abgenommen worden. Der Bürgermeister Hans Hohenstein ging daraufhin mit den Ratsherren vor das Kapitelhaus, in dem sich der Erzbischof und die Domherren befanden. Der Bürgermeister bat den Erzbischof, der Stadt den Schlüssel zurückzugeben, was dieser mit den Worten ablehnte: „Die Pforte gehört uns, denn sie heißt der Herren Pforte. Darum werden wir die Schlüssel behalten." Der Bürgermeister widersprach: „Zwar heißt sie der Herren Pforte, aber der Pforte Herren sind die Bürger. Wenn Ihr unserem Pförtner die Schlüssel nicht aushändigt, werdet Ihr nicht eher aus unseren Händen gelassen, als bis wir die Schlüssel haben." Und er ließ die Stadtknechte die Glocken von St. Johannis läuten. Als der Bischof und die Domherren das hörten, gaben sie die Schlüssel zurück und versprachen, dass sie die Pforte nicht mehr für sich in Anspruch nehmen würden.[5]

K. Janicke folgert aus dieser Erzählung in der Schöppenchronik, dass der Konflikt um die Schlüsselgewalt über die Herrenpforte nicht erst 1306 aufgebrochen ist, sondern „lange vor diesem speciellen Falle" schon entstanden sein muss.[6] Zudem mutmaßt Janicke, dass die Schlüsselgewalt über die Herrenpforte nicht allein beim Rat gelegen hatte, sondern dass auch die Domherren einen Schlüssel besessen haben müssen.[7] Wenn man nun die Frage stellt, warum die Entscheidung, wer die Schlüsselgewalt über die Herrenpforte haben sollte, von so großer Bedeutung war, dann bieten sich zwei Interpretationen auf unterschiedlichen Ebenen an. Zum einen war die Herrenpforte als wichtigster Zugang zur Stadt von Süden her von erheblicher strategischer Bedeutung. Einem Überraschungsangriff von dieser Seite konnte von der Stadt nur durch die Kontrolle über die im Süden der Altstadt gelegenen Befestigungen einschließlich der Herrenpforte vorgebeugt werden.[8] Von daher beinhaltete die Schlüsselfrage einen ganz konkreten die Stadt Magdeburg betreffenden Sicherheitsaspekt. Zum anderen muss der Schlüsselstreit, der sich später in ähnlicher Form wiederholen sollte und, wenn man Janicke folgt, schon vor 1306 aufgebrochen ist, als eine Art roter Faden angesehen werden, der sich durch das Verhältnis zwischen der Bürgerstadt Magdeburg und ihrem erzbischöflichen Stadtherren zog und in dem fast symbolhaft der Kampf um die Macht in und über die Stadt zum Ausdruck kam. Durch das Nachgeben des Erzbischofs und der Domherren wurde der Konflikt von 1306 zunächst beigelegt. Gerade diese Konfrontation macht allerdings deutlich, dass die politische Situation in Magdeburg, der Dualismus zwischen der Gemeinde und dem Stadtherrn, latent so gespannt war, dass diese Spannungen sich auch bei relativ geringfügigen Anlässen, wie es die Schlüsselfrage war, entladen konnten.

Heinrich II., der erst 1305 zum Erzbischof von Magdeburg gewählt worden war, starb schon 1307, „angeblich vor Gram und Verdruß über das Mißlingen seiner Pläne gegen die Freiheiten und Rechte der Bewohner Magdeburgs"[9].

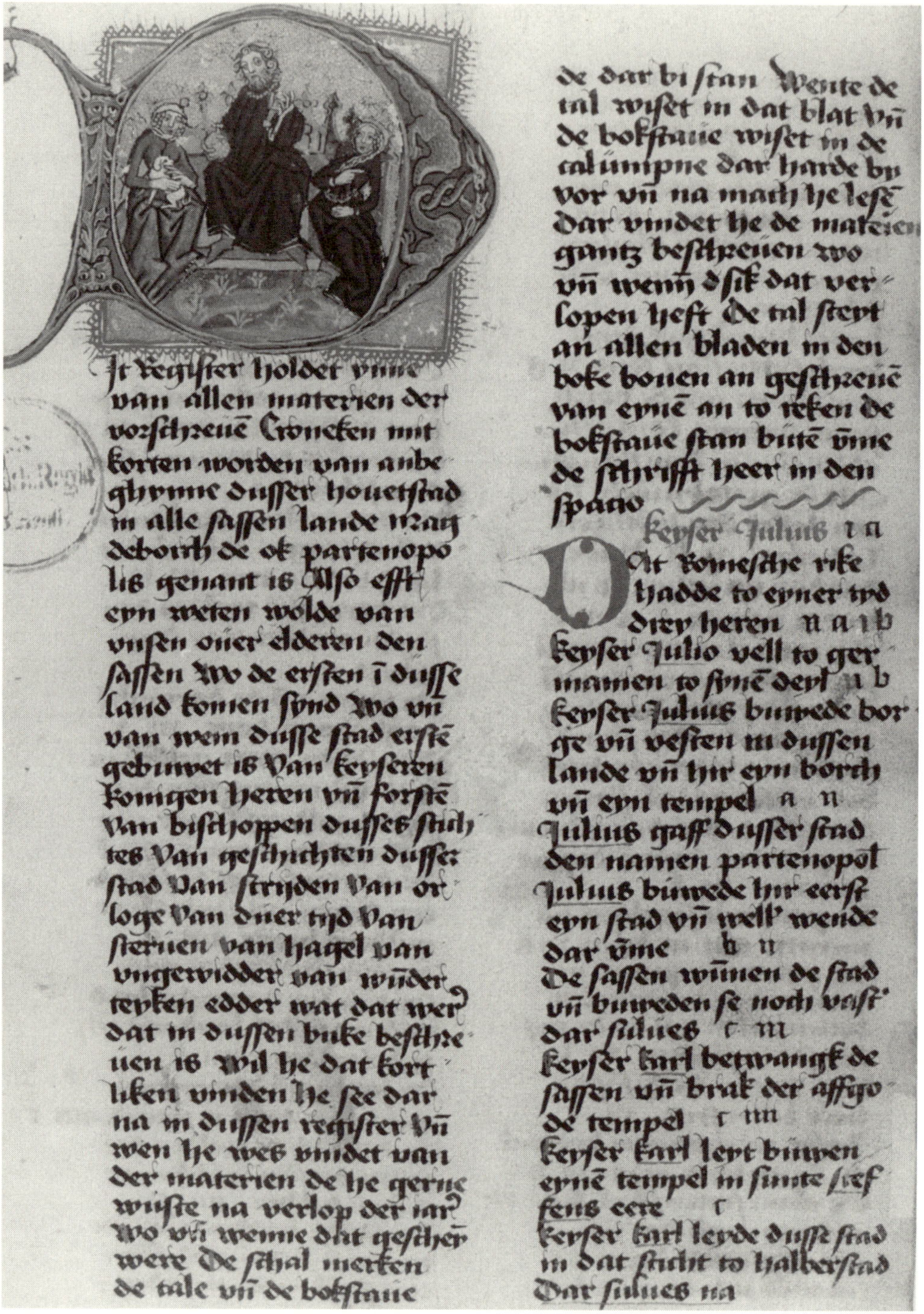

Dit register holdet ynne
van allen materien der
vorschreuen Cronecken mit
korten worden van anbe
ghynne dusser houetstad
in alle sassen lande magh
deborch de ok partenopo
lis genant is Also effte
eyn weten wolde van
unsen ouer olderen den
sassen Wo de ersten i dusse
land komen synd Wo vn
van wem dusse stad erste
gebuwet is Van keyseren
konigen heren vn forsten
Van bisschoppen dusses stich
tes Van geschichten dusser
stad Van stryden Van or
loge Van duer tyd Van
steruen van hagel van
vngewidder van wunder
teyken edder wat dat wer
dat in dussen buke beschre
uen is Wil he dat kort
liken vinden he see dar
na in dussen register Vn
wen he wes vindet van
der materien de he gerne
wiste na verlop der iar
Wo vn weme dat gescheen
were De schal merken
de tale vn de bokstaue
de dar bi stan Wente de
tal wiset in dat blat vn
de bokstaue wiset in de
tal umpne dar hande by
vor vn na math he lesen
dar vindet he de materien
gantz beschreuen wo
vn wenn d sik dat ver
lopen heft De tal steyt
an allen bladen in den
boke bouen an geschreuen
van eyne an to reken de
bokstaue stan bute vme
de schrifft heer in den
spacio

Keyser Julius i a

Dat Romesche rike
hadde to eyner tyd
drey heren ii a i b
Keyser Julio vell to ger
manen to syne deyl i b
Keyser Julius buwede bor
ge vn vesten in dussen
lande vn hir eyn borch
vn eyn tempel ii a ii
Julius gaff dusser stad
den namen partenopol
Julius buwede hir eerst
eyn stad vn well wende
dar vme b ii
De sassen wunen de stad
vn buweden se noch vast
dar Julius i iii
Keyser karl betwangk de
sassen vn brak der affgo
de tempel i iii
Keyser karl leyt buwen
eyne tempel in sunte stef
fens eere i
Keyser karl leyde dusse stad
in dat sticht to halberstad
Dar Julius na

Magdeburger Schöppenchronik, nach 1468

Noch 1307 wurde der neue Erzbischof von Magdeburg gewählt, Burchard III. aus dem Hause Schraplau. Die Wahl in Magdeburg und die päpstliche Anerkennung durch Clemens V. gingen zügig vonstatten. Mit dem Amtsantritt Erzbischof Burchards III. trat der Konflikt zwischen Stadt und Stadtherrn in eine neue Phase der Verschärfung ein. Die Schöppenchronik kommentiert die Jahre der Herrschaft Burchards III. mit den Worten: „Er hatte viel Zwietracht mit den Bürgern: darum fingen ihn die Bürger zweimal, und zuletzt schlugen sie ihn leider tot."[10]

Zunächst war das Verhältnis zwischen dem Erzbischof und der Magdeburger Bürgerschaft jedoch sehr gut.[11] „... die Magdeburger ließen es aber auch an Geschenken für ihn nicht fehlen. Gleich nachdem er gewählt war, gaben sie ihm 50 Mark und ein Fuder Wein, 10 Mark an Wert; sie schenkten ihm vor seiner Abreise nach Poitiers das Gut Randau, welches er für 400 Mark wieder verkaufte, und nach seiner Zurückkunft abermals 100 Mark und außerdem noch 20 Mark zum Ankauf von zwei Fudern Wein. Als er das Schloß Neu-Gattersleben, obwohl vergeblich belagerte, leisteten sie ihm persönlich Hülfe und unterstützten ihn mit 500 Mark."[12] Erzbischof Burchard III. zeigte sich von diesem Entgegenkommen der Stadt Magdeburg unbeeindruckt und hob im Gegenzug die Steuern an. Zu einem regelrechten Konflikt kam es aber erst, als der Erzbischof die Abtretung des Bärmeamtes an die Stadt, die 1296 unter Burchard II. erfolgt war, wieder rückgängig machen wollte. Diese Maßnahme zeigt sehr deutlich, dass Erzbischof Burchard III. vor allem eine Politik der „Festigung und Erweiterung des erzbischöflichen Territoriums"[13] betreiben wollte und dabei auch vor dem Mittel des Rechtsbruchs nicht zurückschreckte. Die von Burchard begonnenen Konflikte beschränkten sich allerdings nicht auf die Bürger Magdeburgs. Vielmehr streckte er auch seine Hand nach den Besitzungen der Templer, denen er Ketzerei vorwarf, aus.[14] Der Versuch des Erzbischofs, von der Stadt Magdeburg das Bärmeamt zurückzuerhalten, führte zu einer scharfen Auseinandersetzung mit der Stadt. Der Bischof „wollte die Brauer zwingen, ihre Hefe wieder aus seiner Brauerei zu kaufen, that sie, als sie sich dessen weigerten, in den Bann und absolvierte sie nur gegen das ihm geleistete Versprechen, von jeder Kufe Biers sechs Pfennige entrichten zu wollen."[15] Einzelheiten über den sich nun entwickelnden Konflikt wissen wir nicht. Es scheint aber nicht zu gewaltsamen Auseinandersetzungen gekommen zu sein. Der Konflikt wird vielmehr durch einen Vertrag zwischen dem Erzbischof und der Stadt, der am 24. November 1309 geschlossen wurde, beigelegt.[16] Dieser Vertrag bildet den ersten schriftlich niedergelegten und überlieferten Vergleich zwischen dem Erzbischof und der Stadt Magdeburg in einer strittigen Angelegenheit von großer Tragweite.

Der Vertrag lässt sich in 16 Einzelpunkte gliedern, die in Hoffmanns Stadtgeschichte aufgeführt werden.

„1) Die Stadt erhält wegen des bisher gegen den Willen der früheren Erzbischöfe an das Reich gezahlten Königschosses, des den Juden abgenommenen Geldes, der Ermordung eines Knappen vor der Domkirche und der Hinrichtung zweier anderer Verzeihung und wird deshalb nie wieder in Anspruch genommen.

2) Sie behält die ihr streitig gemachte Abgabe von Wein, das Wage- und Brückgeld.

3) Sie bleibt im ungekränkten Besitze der Bürgerwiese vor dem Biederitzer Holze, des zwischen der Stadt, der Elbe und dem Zipkelebenschen See belegenen Marsches (des jetzigen Cracauer Angers), des Wachhauses auf dem Holzplatze (dem jetzigen Stadtmarsche) und des neuen Grabens zwischen der Alt- und Neustadt.

4) Der in der Stadt und der Sudenburg auf fremdes Bier, sowie der an letzterem Orte auf Wein und andere Güter gelegte Zoll hört auf; es wird sowohl in der Stadt als den beiden Vorstädten künftig nur die althergebrachte Abgabe gezahlt.

5) Bürger und Fremde dürfen das Korn abgabefrei und so lange verschiffen, als es im Lande entbehrt werden kann. Ausfuhrverbote sollen nur mit beiderseitiger Zustimmung erlassen werden.

6) Die Kornverschiffung geschieht mit des Erzbischofs Willen nur in der Altstadt, weder ober- noch unterhalb derselben.

7) Die ländlichen Grundstücke der Einwohner sollen nur mit einer mäßigen, von den Domherren, der Ritterschaft und den Bürgern selbst zu bestimmenden Abgabe (Bede) belegt werden.

8) Den Bürgern werden ihre Lehn- und Eigentumsrechte an den Solbrunnen zu Salze garantiert, und der Erzbischof soll den von alters her dazu berechtigten Personen die Güterbeleihung nicht versagen.

9) Hinsichtlich des Burggrafen- und Schulzen-Amtes bleibt es bei den Bestimmungen der darüber ausgestellten Handfeste.

10) Kein Bürger der Altstadt soll bei dem erzbischöflichen Gerichte verklagt noch von diesem eingezogen werden. Wo die handhafte That (die Ergreifung

über der That) geschehen, da soll man zuerst klagen; will der Kläger es aber anderwärts thun, so bleibt es ihm unbenommen.
11) Der Erzbischof soll, wie es von alters her üblich, nur in Magdeburg Münze prägen lassen, und die Bürger dem Münzmeister dazu förderlich, nicht hinderlich sein.
12) Die von den Bürgern aus der Stadt Verwiesenen soll der Erzbischof nicht hegen, sondern sie auch als seine Feinde betrachten.
13) Was die Vögte und Amtsleute wissentlich und erweislich den Bürgern genommen, sollen sie zurückgeben oder bar erstatten.
14) Außerdem bewilligt und bestätigt der Erzbischof für sich und seine Nachfolger alles, was sie von alters her oder aus Gnade an Gerechtsamen besitzen, und verspricht ihnen die Aufrechthaltung desselben.
15) Hiermit sollen alle Beschwerden, welche der Erzbischof gegen die Bürger geführt hat und bis auf diesen Tag führt, ganz und gar erledigt sein, und jeder Teil soll den anderen bei seinen Rechten lassen.
16) Der Erzbischof verspricht die Bürger in ihrem Eigentume und Rechte gegen alle Gewaltthätigkeiten und Angriffe von Fürsten, Herren oder wer es sonst sei, pflichtmäßig zu schützen, wogegen die Bürger ihm wieder nach Pflicht und Vermögen zu Dienste stehen sollen."[17]

Dieser Vertrag macht bei oberflächlicher Betrachtung den Eindruck, als hätte die Stadt einen bedeutenden diplomatischen Sieg über den Erzbischof errungen. Bei näherem Hinsehen ergibt sich aber eine andere Einschätzung. Zunächst belegt der Vertrag von 1309, dass Rechte, die die Stadt teilweise seit Jahrzehnten selbstverständlich besaß oder sich von den Vorgängern Burchards III. erkauft hatte, von diesem Erzbischof nicht so ohne weiteres anerkannt wurden. Die Anerkennung der genannten Rechte durch Burchard III. ließ sich der Erzbischof teuer bezahlen: „Umb alle diesse vorbeschreven stucke und sake dat wy unde alle unse nakomelinge den borgern und der stad die ewichliken stede und gancz halden, so geven sie uns to gunste unde to denste ses hundert marck Standaliges silvers."[18]

Ähnlich verfuhr er mit der Stadt Halle, die ein Jahr später 500 Mark für einen vergleichbaren Vertrag zahlen musste.[19] Schon bald zeigte sich, dass Burchard sich durch diese Verträge mit Magdeburg und Halle in seinem Handeln wenig eingeengt fühlte.[20] Der Erzbischof betrieb eine Politik, die vor allem den Zweck verfolgte, möglichst hohe Einnahmen zu erzielen. Uitz beurteilt die

Politik Burchards als den Versuch, seine Landesherrschaft weiter auszubauen: „In diesen Vereinbarungen zeigte sich einerseits, daß die Position Burchards III. gegenüber den Kommunen, die sich auf dem Höhepunkt ihrer Machtentfaltung befanden, noch wenig gefestigt war, andererseits erweist sich gerade in der Städtepolitik von Anfang an das geschickte Vorgehen des Erzbischofs bei der Festigung und beim Ausbau seiner Landesherrschaft, indem er einmal die ökonomischen Grundlagen dieser Herrschaft kontinuierlich zu erweitern trachtete und gleichzeitig einen Teil der einflußreichsten Stadtbürger durch großzügige Belehnungen an sich zu binden verstand."[21]

Bald nach dieser Einigung brachen wieder Konflikte zwischen Erzbischof Burchard und der Magdeburger Bürgerschaft auf. Wie es scheint, gehen diese Konflikte vor allem auf die Nichteinhaltung des Vertrages von 1309 von Seiten des Erzbischofs zurück. Er versuchte mit der Erhebung übermäßiger Abgaben auf das Salz, das die Magdeburger in Groß-Salze bereiteten, und mit der Errichtung eines Schlosses und einer Zollstätte vor den Toren Magdeburgs in Hohenwarte seine Einnahmen zu erhöhen.[22] Schikanöses Verhalten des Erzbischofs verschärfte die Situation. So ließ er das Vieh der Magdeburger von seinem jüngsten Bruder rauben. Heinecke von Scheunigen, Bürger Magdeburgs, wurde vom Erzbischof gefangen genommen und erst gegen ein Lösegeld von 200 Mark Silber wieder freigelassen.[23] Burchard III. hielt sich nicht an die Vereinbarung hinsichtlich der Kornverschiffung auf der Elbe und legte einen unterirdischen Gang von seinem Bischofspalais in den Dom an. Im Jahr 1313 nahmen die Magdeburger ihren Herrn, den Erzbischof, gefangen.[24] Die Gefangenschaft dauerte dreieinhalb Wochen. Dann ließen die Magdeburger Burchard III. wieder frei. Am 1. September 1313 war ein Schiedsgericht von vier Personen und einem Obmann, dem Bischof von Brandenburg, eingesetzt worden.[25] Aber sofort nach seiner Freilassung setzte der Erzbischof seine Konfrontationspolitik fort und belegte Magdeburg mit dem Bann.[26] Und er fing an, die Stadt zu belagern. Diese Belagerung führte zu nichts, da Magdeburg über starke Verteidigungsanlagen verfügte und reichlich mit Lebensmitteln versorgt war. Der Markgraf Friedrich von Meißen, der an der Belagerung beteiligt war, hatte sich den Zustand Magdeburgs angesehen und machte dem Erzbischof den Vorwurf, er hätte Magdeburg verwahrloster dargestellt, als er es vorgefunden hätte. Nach der Schilderung Burchards wuchs das Gras auf dem Steinweg. Der Markgraf war aber nach der Besichtigung der Stadt zu dem Schluss gekommen, dass sie weder auszuhungern noch zu erstürmen sei.[27] Nach etwa vier Wochen brachen Erzbischof Burchard und die ihn unterstützenden Fürsten Friedrich von Meißen, Herzog Albrecht von Braunschweig, die Grafen von Mansfeld und von Querfurt die Belagerung ab.[28]

Der Konflikt endete mit dem Abbruch der Belagerung nicht, sondern schwelte weiter, indem die Bürger Magdeburgs Raubzüge in das Umland unternahmen, um die hohen Kosten der gerade überstandenen Auseinandersetzung decken zu können. Der Erzbischof untersagte daraufhin den Bauern die Auslieferung der Kornkontributionen. Dennoch war auf beiden Seiten der Wille vorhanden, zu einem Abschluss des Konfliktes zu kommen, weshalb Markgraf Waldemar von Brandenburg zum Vermittler bestimmt wurde. Am 18. Dezember 1314 lag der ausgearbeitete Vertrag[29] vor, und am 4. April 1315 schlossen Erzbischof und Stadt endlich den Friedensvertrag.[30] Auch der Bann wurde schließlich nach großen Mühen von der Stadt genommen.
Wieder war eine Krise zwischen dem Erzbischof Burchard III. und der Stadt Magdeburg mit einem Vertrag beigelegt worden, aber es war nicht zu erwarten, dass der Erzbischof dadurch in seinem Bemühen, seine Landesherrschaft wirtschaftlich und politisch auch gegenüber den großen Kommunen im Lande zu verstärken, dauerhaft nachlassen würde, „denn es lag nun einmal nicht in seinem Charakter, Friede halten zu können."[31] Als eine Reaktion auf die gerade überstandene Krise zwischen Erzbischof Burchard und Magdeburg muss das Bündnis bewertet werden, das die Städte Magdeburg und Halberstadt am 16. November 1315 abschlossen.[32] Dieses Freundschafts- und Friedensbündnis richtete sich in erster Linie gegen gemeinsame Feinde.

Zu dem mehr oder weniger dauerhaft gespannten Verhältnis zwischen der Stadt Magdeburg und Burchard kam in den nun folgenden zwei Jahren eine schwere wirtschaftliche Krise hinzu. Zwischen 1315 und 1317 herrschte eine gravierende Hungersnot in Europa, die auch Magdeburg nicht verschonte. Wie schwerwiegend diese Hungerkatastrophe, verursacht durch eine ganz schlechte Getreideernte im Jahr 1315, war, macht etwa die Zahl von 2 794 Toten deutlich, die im Oktober 1316 von den städtischen Behörden in der flämischen Stadt Ypern begraben wurden:[33] Ypern hatte damals rund 20 000 Einwohner. In der Magdeburger Schöppenchronik heißt es dazu: „In dem Jahr 1316 war eine so teure Zeit, daß viele Leute an Hunger sterben mußten. Es starb auch viel Vieh, und diese toten Kühe retteten viele arme Leute, die sonst an Hunger gestorben wären. Die armen Leute lagen draußen vor den Toren und auch ein

Teil von ihnen in der Stadt auf dem Breiten Weg und sotten und brieten das Aas und aßen es unter sich. Die Bäcker, die viel Brot in ihren Buden anboten, mußten mit Stöcken dabeistehen, und es vor den Armen verteidigen, damit diese es ihnen nicht nähmen."[34]

Erzbischof Burchard hat offenbar nichts getan, um die Krise in der Stadt zu entschärfen, sondern im Gegenteil die Notsituation Magdeburgs noch genutzt, um seine Finanzen aufzubessern, indem er die Regelung traf, dass Zufuhr vom Land in die Stadt verboten sei und erst gegen die Zahlung von 300 Silbermark bereit war, dieses Verbot wieder aufzuheben.[35] Inwieweit der Erzbischof nicht nur aus finanziellen Gründen, sondern auch aus Fürsorge für die im Vergleich zu den reichen Stadtbürgern ärmere ländliche Bevölkerung zu dieser Regelung griff, muss dahingestellt bleiben.

Die Situation zwischen dem Erzbischof und Magdeburg blieb also gespannt, und in den nach der großen Hungersnot folgenden Jahren mehrten sich die Anzeichen, dass die Stadt Magdeburg befürchtete, der Erzbischof würde ihre errungenen Freiheiten massiv einschränken. Im August 1323 sicherten sich Magdeburg und der deutsche König Ludwig der Bayer gegenseitige Hilfe gegen alle Feinde zu, und Magdeburg ließ sich alle Freiheiten und Privilegien, die der Stadt von den Königen und Kaisern bewilligt worden waren, bestätigen.[36] Knapp ein Jahr später, am 5. Februar 1324, verbündeten sich die Städte Magdeburg und Halle, um ihr Recht zu wahren und der Gewalt und dem Unrecht zu trotzen.[37]
Auf die als bedrohlich empfundene Situation reagierte Magdeburg also mit einer intensivierten Bündnispolitik. Bereits 1315 hatte die Stadt wie erwähnt nach der Beilegung des Streites mit Burchard ein Bündnis mit Halberstadt geschlossen.[38] Die beiden Städte verpflichteten sich darin zum gemeinsamen Zusammenhalt gegen äußere Angriffe, kräftige Unterstützung gegen inneren Aufruhr und jedmögliche Förderung des Verkehrs.[39] Für eine bestimmte Laufzeit war dieser Vertrag nicht abgeschlossen worden, er galt vielmehr für die folgenden „Jahre und Zeiten". Welche Regelungen beinhaltete nun dieser Vertrag?

„Die Städte wollen sich vor jedem Schaden warnen und bewahren; Fehden der einen soll die andere, außer gegen das Reich, mit aller Kraft in Recht und Güte zu schlichten trachten. Wird eine der Verbündeten von Jemanden, dem

sie es von Rechtswegen nicht zu verweigern vermag, zur Hülfe gegen ihre Verbündeten gerufen, so soll sie dieser doch ein halbes Jahr die Vereinigung halten; gerät eine der Verbündeten mit ihrem Herrn oder sonst jemanden, dem sie zur Beilegung des Streites von Rechtswegen nicht verpflichtet sei, in Fehde und wird verunrechtet, so soll die andere auf Mitteilung davon mit Bitten und Vorstellungen die Sache beizulegen sich bemühen, ist dies aber nutzlos, binnen 4 Wochen auch andere Städte in der Nähe durch Boten zum Einschreiten zu bewegen suchen, daß Recht geschehe. Dies soll auch der Fall sein, wenn die Verbündeten von nicht zuständigen Richtern gegen ihre Freiheiten, Privilegien und Gewohnheiten geladen werden. Außerdem soll eine Stadt in der anderen freies Kauf- und Verkaufsrecht und auf Ersuchen der anderen freies Geleit dazu haben. Auch will die eine Stadt Feinde der Verbündeten wissentlich nicht hausen, noch ihnen irgend förderlich sein, auch den Bürgern der Bundesgenossin geraubtes oder gestohlenes Gut auf Mitteilung aufhalten … Vor ihren Feinden haben die Verbündeten gegenseitig Schutz und Zuflucht in der anderen Stadt und deren Schlössern, auch von dort freies Geleit … Schuldforderungen einzelner Bürger aneinander sollen nach Magdeburger Recht erledigt, Vertriebene der einen Stadt in der anderen nicht geduldet werden. Streit und Zwist zwischen den Verbündeten wird nach Freundschaft und Recht durch ein von Ratmannen und Innungsmeistern von Magdeburg, Halberstadt und Halle gebildetes Schiedsgericht geschlichtet werden. Auflauf und Empörung in einer Stadt soll von der anderen sofort mit allen Kräften zu dämpfen und nach Recht zu beschwichtigen sein.“[40]
Ulrich Kleist schließt aus diesem Bündnis, dass der Handel und sein Schutz noch ganz ungeordnet, Rechtsansprüche schwer zu verfolgen seien, und dass es gegen mutwillige Fehden und Beeinträchtigungen seitens unzuständiger Richter keinen Schutz gab. Hervorzuheben ist nach Kleist auch die Einbeziehung anderer Städte in der Nähe und Halles im Besonderen.[41]
Den Zusammenhang zwischen dem Abschluss dieses Vertrages im Herbst des Jahres 1315 und des Friedensschlusses zwischen Erzbischof Burchard und der Stadt Magdeburg sieht Kleist im Gegensatz zu E. Eschebach nicht.[42]

Bevor auf diesen Zusammenhang weiter eingegangen wird, soll darauf hingewiesen werden, dass hier zu einem sehr frühen Zeitpunkt neben den Schutz- und Hilfsbestimmungen äußeren Feinden gegenüber auch eine gegenseitige Hilfe für den Fall innerer Unruhen vorgesehen war. Das heißt, die führenden Schichten in den Städten sicherten ihre politische und ökonomische

Vormachtstellung nicht nur nach außen, sondern auch nach innen, also der eigenen Stadtbevölkerung gegenüber ab. Der Vertrag zwischen Magdeburg und Halberstadt beinhaltet einen der frühesten Belege für die Machtsicherung patrizischer Eliten im Falle sozialer Unruhen durch vertragliche Vereinbarung zweier politisch und ökonomisch ähnlich strukturierter Städte.

Der zeitliche Zusammenhang zwischen dem Friedensschluss Magdeburgs mit Erzbischof Burchard und dem Vertrag zwischen Halberstadt und Magdeburg ist zu eng, als dass man ihn übersehen könnte. Das Schutzbündnis der beiden Städte ist nur als ein deutlicher Reflex auf die Konfliktsituation zwischen dem Magdeburger Stadtherrn und der Bürgergemeinde zu werten. Auch Halberstadt hatte schon recht früh den Grundkonflikt zwischen Stadtherrn und Gemeinde erlebt. Die Quellen berichten von einer „coniuratio“ (Verschwörung) gegen den Halberstädter Bischof im Jahr 1153.[43]

Magdeburg hatte mit dem Vertrag mit Halberstadt 1315 und der Privilegienbestätigung durch den deutschen König Ludwig den Bayern 1323 im Jahr 1324 mit der ebenfalls unter ihrem Stadtherren Burchard III. leidenden Stadt Halle ein Schutzbündnis geschlossen, das zwar den Erzbischof als Grund für das Zustandekommen des Vertrages nicht nennt, aber keine Zweifel daran lässt, dass seine Politik die Städte Magdeburg und Halle zusammengebracht hatte, wenn es in der Urkunde heißt, dass diese „durch swernisse und not, die sie unde wie geleden hebben unde noch liden von unrechter gewalt“[44], entstanden sei.

Der nun entstehende diplomatische Druck auf den Erzbischof bewirkte ein Einlenken Burchards. Am 13. Oktober 1324 schlossen Graf Busso von Mansfeld und die Städte Magdeburg, Halle und Calbe mit Erzbischof Burchard in Barleben einen Vertrag wegen der Einsetzung von acht Schiedsleuten zur Entscheidung ihrer Streitigkeiten.[45] Noch am selben Tag legten Erzbischof Burchard und die Städte Magdeburg, Halle, Calbe und Salze ihren Streit bei.[46]

Ebenfalls am 13. Oktober 1324 schloss Erzbischof Burchard mit einer Reihe von Fürsten aus den umliegenden Territorien Frieden.[47]

Aus den Erfahrungen im Umgang mit Erzbischof Burchard wussten die Gegner, was von vertraglichen Einigungen mit dem Erzbischof zu halten war. So ist die Tatsache, dass sich die Gegner Burchards sammelten und Vereinbarungen gegen den Landesherrn trafen, gravierender zu bewerten als die friedlichen Einigungen mit Burchard. Der Erzbischof ahnte offenbar nichts von der Gefahr, die durch die Sammelpolitik seiner Gegner für ihn entstand.[48]

Zunächst soll aber kurz auf das sich aus den Verträgen zwischen der Stadt Magdeburg und dem Erzbischof von 1309, 1314, 1315 und 1324 ergebende verfassungsrechtliche Verhältnis eingegangen werden, wie es Schranil darstellt.[49] Die aus diesen Auseinandersetzungen zwischen dem Rat und dem Erzbischof resultierenden Verfassungsänderungen schlagen sich in der Urkunde von 1330 nieder, auf die im Einzelnen später noch eingegangen wird. Schranil beschreibt das Resultat dieser Verfassungskämpfe so:

„1. Der Stadtherr ist beschränkt auf die bisherigen Rechte; aus seiner Stadtherrschaft darf er keine neuen Rechte ableiten.

2. Auf frühere Rechte, die bereits ausser Uebung gekommen sind, soll nicht mehr zurückgegriffen werden.

3. Ebenso durch Stillschweigen der bisherigen Erzbischöfe oder durch ausdrückliches Privileg genehmigte Rechte der Bürger darf der Stadtherr nicht umstoßen.

4. Für die Zukunft ist der Stadtherr bei einer Ausübung seiner stadtherrlichen Befugnisse an die Zustimmung der Bürger gebunden.

5. Die gegenseitige Schutz- und Trutzpflicht des Erzbischofs und der Bürger wird anerkannt.

6. Auf Betreiben des Rates werden auch für das geistliche Gericht und sein Verhältnis zu weltlichen Bestimmungen getroffen.

7. Die wichtigste Neuerung war die Huldigung. Zunächst wurde im Jahr 1315 verfügt, dass die Bürger dem Erzbischof huldigen. Diese Bestimmung bedeutete eine wesentliche Minderung der städtischen Freiheit, da noch eine andere Bestimmung getroffen wurde, dass jährlich die neuen Ratmannen und Innungsmeister vor Antritt des Amtes dem Erzbischof das homagium, den Treueid, leisten sollen. Nach dem Zusammenhang sollte das das Gegengewicht sein gegen die Verminderung der stadtherrlichen Rechte im Bereich der Altstadt. Es war jedoch ein außerordentlich heikler Punkt und neun Jahre hindurch konnte der Erzbischof nichts durchsetzen trotz seines kirchlichen Bannfluches; erst im Jahr 1324 ist die erste Huldigung bezeugt, und zwar die damaligen consules, die Meister der großen und die Meister der niederen Innungen leisteten den Treueid."[50]

Im Jahr 1325 eskalierte die Auseinandersetzung zwischen der Stadt Magdeburg und Erzbischof Burchard III. und endete mit der Ermordung des erzbischöflichen Landes- und Stadtherrn. Die Entwicklung dahin soll im Folgenden skizziert werden.

Da die Ermordung eines Erzbischofs natürlich für erhebliches Aufsehen sorgte, berichtet eine ganze Reihe von zeitgenössischen Quellen darüber. Am ausführlichsten fällt die Schilderung in den Magdeburger Chroniken aus, der „Schöppenchronik“ und den „Gesta archiepiscoporum Magdeburgensium“.[51] Diese beiden Chroniken sind etwa zur gleichen Zeit entstanden, in der zweiten Hälfte des 14. Jahrhunderts, damit relativ zeitnah an den Geschehnissen von 1325. Beide Quellen sind aus ganz unterschiedlichen Perspektiven geschrieben und ergänzen sich daher an vielen Stellen.[52] Die Schöppenchronik berichtet aus dem Blickwinkel der Stadt Magdeburg, die „Gesta“ aus dem Blickwinkel des Erzbischofs oder wenigstens der Kirche. Den vollständigsten Bericht liefert die „Gesta“, deshalb sei er hier zitiert.

„Es geschah also im Jahre 1325 am Tage der Enthauptung Johannis (29. August), daß der Erzbischof, als er in die Stadt Magdeburg gekommen war, gefangen und in seinem Palaste unter sorgfältiger Bewachung gehalten wurde. Sie stellten nämlich jede Nacht viele Wächter neben dem Palast auf allen Seiten auf und zogen hierzu die ganze Bürgerschaft heran. Die Ratsherren selbst aber wachten Tag und Nacht bei ihm im Palaste. Und als Sie endlich der häufigen und anstrengenden Wachen überdrüssig waren und mehrere Rathsherren den Frevel seiner Ermordung verabscheuten, gleichsam als wollten sie sich aus dem Verbrechen herausziehen wie Pilatus, vertrauten sie ihn verruchteren Menschen an, welche unter ihnen von größerem Hasse gegen ihn erfüllt waren, und jene noch schändlicheren, welche mit Larven versehen, ihn in der Nacht des Matthäustages (21. September) von seinem Palaste zu dem neuen Keller der Stadt, in welchem Gefangene und Übelthäter gefangen gehalten werden pflegen, führten und ihn dort mit einem Knüppel oder einer Keule auf das Haupt schlugen und tödteten und, wie zu hoffen steht, zum Märtyrer machten. Diese schändliche Tat ward lange geheim gehalten; man argwöhnte und munkelte zwar im Volke von seinem Tode, aber Niemand sagte, daß er etwas sicheres darüber wisse. Da aber die Domherren zur Wahl des künftigen Erzbischofs durchaus nicht schreiten wollten, bis sie genaue Nachricht vom Tode ihres Oberhirten und über sein Begräbnis hätten, wurde endlich im folgenden Jahre sein Leichnam, der in dem Sande am Thatorte erhalten geblieben war, hervorgeholt und zur Capelle St. Gangolfi gebracht und von dort in den Dom zum allgemeinen Anblick für alle; in dieser Kirche wurde er mit gebührender Ehre am 14. August bestattet. Wer aber die eigentlichen Thäter dieses abscheulichen Verbrechens gewesen sind, weiß man bis heute

Elisabethaltar in der Marienkapelle des Magdeburger Doms (Sühnealtar für den ermordeten Erzbischof Burchard III.), um 1340

noch nicht sicher, außer daß endlich durch die Rathsherren ein Mann aus Calbe vorgeführt wurde, welcher gestand, er habe mit eigener Hand ihn getödtet; gefragt, warum er gewagt habe die Hände an den Gesalbten des Herrn zu legen, antwortete er, daß er sich gefreut habe, als ihm die Gelegenheit gegeben war, sich an jenem zu rächen, weil er ihn an den Bettelstab gebracht und ihm seine ganze Habe entrissen habe. Aber was auch Wahres daran ist, wehe denen, welche jenen in die Hände des Sünders, eines so verzweifelten Menschen überantworteten."[53]

Offensichtlich war zwischen den Ratsherren und Bürgern von Magdeburg und den Räten von Halle und Calbe ein Mordkomplott geschmiedet worden. „Das stille Einvernehmen mit dem Stiftsadel und die bischofsfeindliche Haltung des Domkapitels ließen ihnen freie Hand, mit dem Erzbischof nach Belieben zu verfahren."[54] Gudrun Wittek meint, in dem Mordwerkzeug, einem Knüppel oder einer Keule, einen Hinweis auf die „Zufälligkeit der Tat und die Handlung im Affekt" und auf Angehörige der unteren Bevölkerungsschichten zu finden.[55] Allerdings sind eindeutig Vorkehrungen für die Tat getroffen worden. Von daher bietet sich eine andere Interpretation an. Die Magdeburger haben im Bund mit den Ratsherren aus Halle und Calbe den Mord vorbereitet und sind in ihrer Überlegung, niemanden nachher ans Messer liefern zu müssen, auf die Tötungsart „erschlagen" gekommen, da hier die Schuld am ehesten von einem Einzelnen auf eine Gruppe geschoben und damit anonymisiert werden konnte. Ähnlich wie beim allerdings misslungenen Versuch rund 200 Jahre zuvor, Erzbischof Norbert zu töten, stand also die Frage im Raum, wie man es vermeiden konnte, nach der Tat zur Verantwortung gezogen zu werden. Rechtfertigen konnte man die furchtbare Tat mit den fortgesetzten Rechtsbrüchen des Erzbischofs, gegen die es ein sozusagen natürliches Widerstandsrecht gäbe.

Der Tod Burchards wurde von einem „Kartell des Schweigens" gleichsam verschleiert und verdrängt, indem der Leichnam verborgen wurde. Ohne Leichnam kein Mord, ohne Mord keine Sanktionen. Die Stadt Magdeburg hatte es etwas einfacher als das Domkapitel, das spurlose Verschwinden des Landesherrn und kirchlichen Oberhirten zu erklären, da sie sich als unzuständig ausgeben konnte. Für das Domkapitel wurde die Situation aber sehr schwierig. Die Nachforschungen, die man nach dem Verbleib Erzbischof Burchards anstellte, blieben ohne Erfolg. Dennoch wurde offiziell ohne Kenntnis vom Schicksal Burchards ein neuer Erzbischof, Heidenreich, gewählt, der bereits am 3. Januar 1326 urkundete.[56] Knapp ein Jahr nach dem Mord an Burchard III. wurde dessen Leiche, kaum verwest, im Sand des Ratskellers gefunden.[57]

Der Versuch der Verschleierung der Ermordung Erzbischof Burchards III. führte für die Stadt Magdeburg nicht zum gewünschten Erfolg. Der Papst verhängte über die Stadt das Interdikt (Kirchenbann), König Ludwig erklärte sie in Acht und Bann. „Die politischen Fähigkeiten des Rates reichten nicht aus, zu einem abschließenden Kompromiß zu gelangen. Die Gläubigen waren von den kirchlichen Segnungen ausgeschlossen; der Handel litt schwer."[58] Diese für die Bürger der Stadt sehr belastende Situation wurde durch die für diese Zeit typischen sozialen und politischen Konflikte innerhalb der Bürgerschaft erheblich verschärft, so dass eine innerstädtische Unruhe, in der sich alle Spannungen entladen konnten, die fast unausbleibliche Folge war. Im Jahr 1330 war es so weit.[59]

„Seltsam kurz und undetailliert“[60], berichtet die Schöppenchronik über die Unruhen von 1330. Das erstaunt angesichts der immensen Bedeutung, die dieser Verfassungsreform seit jeher beigemessen wird. Bis 1630, also genau 300 Jahre lang, hatte die Magdeburger Stadtverfassung im Kern Bestand.[61] Das zeigt, wie wegweisend die Ereignisse von 1330 waren. Es lohnt darüber nachzudenken, warum den spätmittelalterlichen Chronisten, die von der Geschichte Magdeburgs von den Anfängen bis ins 15. Jahrhundert so spärlich von dieser bahnbrechenden Verfassungsänderung berichteten, diese Ereignisse nur wenige Zeilen wert waren. Heinrich von Lammspringe, Hauptautor der Schöppenchronik, interessierte sich als Schöffenstuhlschreiber vor allem für die Darstellung und Hervorhebung der Schöffen in der magdeburgischen Geschichte. Die Schöffen spielten in der Unruhe von 1330 keine Rolle, was das geringe Interesse Lammspringes an der Darstellung dieses Ereignisses erklärt.[62] Andere Stadtkonflikte, an denen die Schöffen beteiligt waren, wie die Unruhe von 1293/95, wurden ausführlich behandelt. Von mittelalterlichen Chronisten darf man keine objektive, ausgewogene, den Kriterien der kritischen Wissenschaft von heute entsprechende Darstellung erwarten. Dem stand schon die Intention des Schreibers entgegen, die in der Regel darin bestand, den Ruhm einer Herrscherpersönlichkeit oder einer Institution für die Nachwelt zu erhalten. Trotz einer Reihe von inneren Konflikten (1293/95, 1330, 1401/03) und Auseinandersetzungen mit dem Stadtherrn, die im 15. Jahrhundert bis zum großen Vertrag zwischen dem Erzbischof und der Stadt im Jahr 1497 führten, sollte das späte Mittelalter in Magdeburg nicht als eine ständige Krisen- und Konfliktzeit gesehen werden. Der Wohlstand in der erzbischöflichen Metropole und Hansestadt Magdeburg, in der Handel und Handwerk gediehen, stieg im 14. und 15. Jahrhundert spürbar an und ließ Magdeburg bis zum Ende des 15. Jahrhunderts zu einer blühenden spätmittelalterlichen Großstadt werden.

„Um die Wende vom 15. bis zum 16. Jahrhundert erstreckte sich die Altstadt Magdeburgs am Westufer der Elbe vom Dom bis zum Krökentor, also in den Grenzen, wie sie seit der letzten großen Stadterweiterung im 13. Jahrhundert bestanden. Mit 1 200 Ruten Umfang (etwa 4,5 km) gehörte sie damals zu den größten Städten Deutschlands. Wie viele Menschen seinerzeit innerhalb der Stadtmauern gelebt haben, lässt sich wegen der widersprüchlichen Überlieferungen nicht genau ermitteln. Es mögen etwa 25 000 bis 30 000 Einwohner gewesen sein. Hinzu kamen noch einige tausend Bewohner der selbständigen Vorstädte Neustadt und Sudenburg, deren Territorien unmittelbar an die Stadtbefestigung grenzten. Durch den Aufschwung der städtischen Wirtschaft wuchs die Einwohnerzahl bis in das 16. Jahrhundert weiter an, was zu einer immer dichteren Bebauung innerhalb der Stadtmauern führte."[63]

Wie oben gezeigt, verlief die Entwicklung Magdeburgs im 14. und 15. Jahrhundert keineswegs konfliktfrei. Die Konfliktlinien liefen wie in anderen Städten durch die vertikale soziale, politische und ökonomische Schichtung der Bürgerschaft und im 15. Jahrhundert zunehmend zwischen der Stadt und vor allem ihrer Vertretung, dem Rat, und dem Stadtherrn, wobei sich diese Linien sehr häufig veränderten oder in ganz anderen Richtungen zeigten.
Als eine Grundlage für einen langfristigen Interessenausgleich zwischen den Gruppen in der Stadt muss das Resultat des Stadtkonfliktes von 1330 auf jeden Fall angesehen werden. In der Pomarius-Chronik von 1586 wird das Geschehen von 1330 so zusammengefasst:
„Anno Christi 1330 Ist den 1. tag May/ ein auffrur in der Stadt zwisschen den Reichesten und der Gemeine/ entstanden/ aber durch Bisschoff Otten/ der damals eben zur stedte gewesen/ in der güte entscheiden. Und damals sollen die 36. Ratsherren/ so damals eben da Bisschoff Burchard erschlagen/ im Rath gewesen/ entwichen sein.
Dieses Jars hat Erzbisschoff Otto/den Brewern und Beckern zu Magdeburgk/ ihre Gilde bestediget/ und Priuilegia außgetheilet/ und ist ein newer Rath auff diese weise bestediget/ das der Rath jerlich aus allen Gilden und Innungen gekoren wird."[64]

Auch die Schöppenchronik, zeitlich viel dichter an der Unruhe von 1330 liegend, ließ sich nur wenig detaillierter über die Ereignisse von 1330 aus. Allerdings wird in dieser Chronik, die im 14. und zu Beginn des 15. Jahrhunderts entstand und die Geschichte Magdeburgs von der Entstehung der Stadt bis in die Gegenwart der Chronisten darstellt,[65] der Konflikt zwischen der Gemeinde und den „Reichsten" etwas präziser benannt. Danach setzten sich die „Reichsten" aus den Gewandschneidern und den Krämern zusammen, und sie versammelten sich bewaffnet auf dem Kirchhof von St. Johannes, am

Rathaus und im Gildehaus der Krämer auf dem Alten Markt, während die Gemeinde beim Franziskanerkloster und auf dem Kirchhof von St. Ulrich zusammenkam. In dieser bedrohlichen Situation, als sich die Bürger, in zwei Lager gespalten, bewaffnet und daher wohl auch gewaltbereit gegenüberstanden, griff der Stadtherr, Erzbischof Otto, ein und brachte mühsam einen Verfassungskompromiss zustande, der diesen Konflikt tatsächlich beilegte. Die 36 Mitglieder des alten Rates wurden vertrieben.

Auch wenn die Schöppenchronik und die sich auf sie stützende jüngere Pomarius-Chronik sowie die Stadtgeschichtsforschung des 19. und 20. Jahrhunderts vom Eingreifen des Erzbischofs im Sinne einer Konfliktlösung berichten, müssen Zweifel an dieser für das Selbstverständnis Magdeburgs als sich zu diesem Zeitpunkt aus dem Zugriff des erzbischöflichen Stadtherrn allmählich befreiende Stadt angemerkt werden. Tatsächlich berichtet die überlieferte neue Ratsverfassung vom 8. Mai 1330 eben nicht von diesem Eingreifen des Erzbischofs.[66] In diesem „offenen Brief" bekennen die Schöppen, Ratsherrn, Innungsmeister und die Gemeinde, dass die große Not, die Betrübnis und Zwietracht, die zwischen den Bürgern an diesem Tag wegen eines Unglückes gewesen sei, dadurch beigelegt worden seien, dass die Bürgergemeinde, „arm und reich", zusammengekommen sei und sich auf einen Vertrag geeinigt hätte, der ewig gehalten werden sollte. Dass Erzbischof Otto ein Interesse daran hatte, seine noch immer wegen der Ermordung Erzbischof Burchards III. unter päpstlichem Bann stehende Stadt Magdeburg von diesem zu befreien und innerhalb der Stadtgemeinde ausgleichend zu wirken, geht allerdings aus der Bestätigung der Bäcker- und Brauerinnung am 2. Juni 1330, der Tuchmachergilde am 10. Juli 1332 und dem Schreiben des Erzbischofs an den Papst vom 1. Mai 1333, in dem er sich für die Stadt Magdeburg verwendet, hervor. Es hat dennoch bis zum Jahr 1349 gedauert, bis Magdeburg nach Erfüllung aller Sühnevorschriften eine völlige Freisprechung vom päpstlichen Bann erhielt.

Auf der Basis der Stadtverfassung von 1330, die die alleinige Macht des Patriziats beendete, konnte sich in den folgenden 300 Jahren das politische Leben innerhalb der Stadt ohne starke verfassungsrechtliche Verwerfungen weiterentwickeln.
Die wesentlichen Elemente der Verfassung von 1330 waren folgende.
„Die neue Verfassung sah die Wahl von zwölf Räten vor, die innerhalb von drei Jahren nicht wieder in den Rat gewählt werden und nicht in einem Ver-

wandtschaftsverhältnis ersten Grades zueinander stehen durften. Zehn dieser zwölf Räte waren aus den Innungen zu wählen, auf indirektem Weg aus den fünf großen Innungen und direkt aus dem Kreis der übrigen fünf Innungen. Von diesen zehn Räten waren weitere Räte aus der Gemeinde (nichtzünftige Handwerker und Kaufleute, die nicht den großen Innungen angehören) zum Rat zu ergänzen. ... Gleichzeitig wurde beschlossen, vierundzwanzig von den sechsunddreißig Ratsherren und fünf Meister, die der Stadt Schaden verursacht hatten – die Urkunde bezieht sich offenbar auf den Bischofsmord – künftig vom Rat und allen öffentlichen Angelegenheiten auszuschließen."[67]
Zu den fünf großen, auch schon vor 1330 ratsfähigen Innungen kamen nun fünf Innungen, in Wahrheit acht, nämlich die der Knochenhauer, Lakenmacher, Schmiede, Bäcker, Brauer, Goldschmiede, Schilderer und Schröter dazu. Die Bäcker und Brauer sowie die Goldschmiede, Schilderer und Schröter mussten sich bei der Stellung eines Ratsmannes jeweils abwechseln.[68] Gleba hat die in der Forschung lange recht unreflektiert wiedergegebenen Meinung, in der Unruhe von 1330 hätten sich Arm und Reich gegenüber gestanden und die Macht des Patriziats sei endgültig gebrochen worden, widerlegt.[69] Dass die Innungen nun zum dominierenden Faktor der Ratspolitik wurden, ist zwar richtig, hat aber nicht zwangsläufig mit der Brechung der Macht des Patriziats zu tun, da das Patriziat zum überwiegenden Teil in den fünf großen Innungen, vor allem der Krämer und Leinwandschneider, organisiert war. Erfahrungen aus anderen Städten zeigen, dass kooptierte (selbstergänzte) Gemeindemitglieder sich in der Regel aus dem nicht innungsmäßig verfassten Patriziat rekrutierten, so dass bereits sieben der zwölf Ratsmitglieder als Angehörige des Patriziats anzusehen sind. Aber auch unter den fünf Ratsmitgliedern, die von den acht übrigen Innungen in den Rat geschickt wurden, darf man sich nicht „Arme" vorstellen, da diese Innungen sich von den nicht ratsfähigen Innungen in Magdeburg durch ihre ökonomische und von 1330 an auch politische Bedeutung abhoben.

Dennoch bleibt als Ergebnis der Verfassungsänderung von 1330 die Erweiterung der Ratsfähigkeit über fünf Innungen hinaus auf acht weitere, womit von der Teilhabe an der politischen Macht größere Teile der Stadtbevölkerung als zuvor profitierten, was aber mit einer Demokratisierung nach neuzeitlichen Kriterien noch immer wenig zu tun hat.
Immerhin schuf die bereits 1293/95 vollzogene Trennung von Schöffenstuhl und Rat, die Verbreiterung der Ratsfähigkeit und das in der Verfassung von

1330 aufgenommene Verbot von Verwandtschaftsbeziehungen ersten Grades zwischen den Ratsmitgliedern eine im Vergleich mit den meisten anderen Städten in Deutschland moderne Verfassung.

Die Jahre nach 1330 waren geprägt von dem Bemühen der Stadt, die Loslösung vom Kirchenbann zu erreichen, was 1349 auch gelang. In diese Zeit fällt der erste schwere Pestzug in Europa, der schwarze Tod von 1348/50.[70] 1350 wurde auch Magdeburg erreicht.
„Umb diese zeit [1350] hat eine sehr grosse Pestilenz/ fast durch die gantze Welt gewütet/ und weil die Juden beschuldigt wurden/ als solten sie die Brunnen vergifftet/ und solch sterben dardurch erreget haben/ seind sie allenthalben verfolget/ verbrant/ und heuffig umbgebracht worden. …
Allhie zu Magdeburgk hat man diese zeit alle tage die todten mit einem Wagen und zweyen karren ausgeführet gen Rotterstorff/ da man zwo grosse gruben gemacht/ darein man die todten gelegt hat.“[71]

Die mit der Pest einhergehende Schwächung der Städte brachte bei vielen Fürsten eine gesteigerte Bereitschaft, diese mit Fehden zu überziehen, mit sich. Auch Magdeburg war von der Fehdelust des umliegenden Landadels betroffen. Bereits in der zweiten Hälfte des 13. Jahrhunderts hatte es erste bündnispolitische Aktivitäten der sächsischen Städte, also der Städte zwischen Weser und Elbe, gegeben, die aber vorerst nicht in ein konstantes Bündnis einmündeten. Im Sommer 1351 schlossen die Städte Braunschweig, Helmstedt, Goslar, Magdeburg, Halberstadt, Quedlinburg und Aschersleben einen dreijährigen Hilfs- und Schutzvertrag gegen sämtliche „Verunrechtungen“[72]. Dieses Bündnis ist auch als Reaktion der Städte auf die im Verlauf der Pest entstandenen Bedrohungen zu sehen. Die Anzahl der von den Teilnehmern des Bündnisses im Krisenfall zu stellenden Kontingente wurden festgelegt und ein Viererausschuss gebildet, bestehend aus je einem Delegierten aus Magdeburg, Goslar und Braunschweig und einem aus der halberstädtischen Gruppe. Diese vier „Hüter des Friedens und Richter in Streitfällen“ sollten in dringenden Fällen zusammentreten und über das Verhalten der Städte beraten und Entscheidungen treffen.

Auch wenn Magdeburg der Neuauflage dieses Bundes im Jahr 1360 fernblieb, hat die Stadt durch ihre Teilnahme am Bund von 1351 den Kontakt zu den Städten des entstehenden Sächsischen Städtebundes wieder aufgenommen und damit auch ihre Beziehungen zur Hanse zunächst temporär intensiviert. Im Jahr 1355 sind Magdeburg alle Privilegien, Freiheiten und Gewohnheiten, die der Stadt von den „Heiligen Römischen Kaisern und Königen", „unsern vorfahren", zuerkannt worden waren, durch Kaiser Karl IV. bestätigt worden,[73] wodurch Magdeburg aber nicht zur freien Reichsstadt aufstieg.

In den folgenden Jahren hielt sich Magdeburg aus der Bündnispolitik der sächsischen Städte im Wesentlichen heraus, was mit dem Versuch der Stadt, sich den Landfriedensbemühungen der Erzbischöfe von Magdeburg zu widersetzen, zusammenhängen kann.[74] Ökonomisch war Magdeburg jedoch fest eingebunden in das System der Hanse und das regionale Subsystem der sächsischen Städte, was sich in den Jahren zwischen 1375 und 1380 deutlich herausstellte, als das benachbarte Braunschweig aufgrund einer schweren Unruhe, in deren Folge acht Bürgermeister getötet und viele Angehörige der führenden Familien aus der Stadt vertrieben und verfestet wurden, in Konflikt mit der Hanse geriet.[75] Die Hanse reagierte nach längeren Verhandlungen mit der aufständischen Stadt, indem Braunschweig am 24. Juni 1375 förmlich aus der Gemeinschaft ausgeschlossen wurde. Erst 1380 wurde Braunschweig in die Hanse wieder aufgenommen, und zwar ohne sich gänzlich zu unterwerfen. Die Stadt konnte sich deshalb so lange außerhalb der Hanse behaupten, weil eine Reihe von benachbarten Städten den von der Gemeinschaft über Braunschweig verhängten Handelsboykott nicht einhielten. Zu diesen Städten gehörte neben Hildesheim, Lüneburg und Bremen auch Magdeburg. Der Grund lag nicht in selbstloser Hilfe, sondern darin, dass der Handel der eigenen Stadt intensiv mit dem des verhansten Braunschweig verbunden war und somit bei Einhaltung des Boykotts Schaden auf die eigene Kaufmannschaft zukam.

Nach überstandener „Schicht" intensivierte Braunschweig seine Bündnispolitik im Kreis der sächsischen Städte erheblich und brachte 1382 und 1384 recht umfassende Bündnisse hervor, denen Magdeburg allerdings fernblieb.[76] Braunschweig muss sich um die Mitgliedschaft Magdeburgs heftig bemüht haben, wie aus späteren diplomatischen Versuchen in den Jahren 1386 und 1397[77] hervorgeht. Erst 1404 beteiligte sich Magdeburg wieder an einem Bündnis.

Die dritte Stadtunruhe nach 1293/95 und 1330 erlebte Magdeburg am Beginn des 15. Jahrhunderts. In diesem Fall wurde die Unruhe durch münzpolitische Maßnahmen des Erzbischofs herbeigeführt.[78] Die im Erzstift Magdeburg gültige Münze war der vom Erzbischof ausgegebene Moritzpfennig, die Stadt Magdeburg verfügte im Mittelalter nicht über eine eigene städtische Münze. Um die stete Abwanderung des guten Magdeburger Pfennigs aus dem Münzkreislauf zu stoppen, führte Erzbischof Albrecht im Laufe des Jahres 1401 Münzverschlechterungen und Abwertungen der Magdeburger Münze von erheblichem Ausmaß durch, was vor allem die ärmeren Teile der Magdeburger Bevölkerung traf, deren Barvermögen fast ausschließlich aus den Magdeburger Pfennigen bestand. Es kam noch im Jahr 1401 zu Unmutsäußerungen der „meinheit". Dieser Zustand spitzte sich im Laufe des Jahres 1402 weiter zu, weder der Erzbischof noch das magdeburgische Patriziat unternahmen etwas gegen die Verarmung der Bevölkerung. Schließlich kam es am 15. September 1402 zur Zusammenrottung und zum Umzug von sieben Innungen mit Waffen und Fahnen durch die Stadt, wobei „alle drei Ebenen der Innungshierarchie vertreten"[79] waren. Auch hier lässt sich der Protest nicht einfach auf den Konflikt zwischen Arm und Reich reduzieren. Mit der erzbischöflichen Münze auf dem Alten Markt zerstörten die Bürger das sichtbare Zeichen und die vermeintliche Ursache ihrer Unzufriedenheit. Schließlich weitete sich die Bewegung aus und richtete sich gegen das Rathaus, Wohnhäuser der „Reichen" und Geistlichen und die Gildehäuser der Gewandschneider, Krämer und Leinwandschneider.[80]

Der sich in vier Phasen vollziehende Aufstand führte am Ende zur Ratsabsetzung, da die „Reichen", die vor allem im Rat saßen, neben dem Erzbischof von den Aufständischen als Verursacher der Probleme angesehen wurden. Tatsächlich war der Anlass der Unruhe allerdings weniger durch das Handeln der städtischen Obrigkeit als vielmehr durch die „Intensivierung erzbischöflicher Landesherrschaft" verursacht.[81] Doch für die empörten Magdeburger Bürger waren der Rat und seine Symbole eine leichter zu treffende Zielscheibe ihres Zornes. Der neue Rat bekam die Währungsprobleme jedoch gleichfalls nicht in den Griff, schließlich griff der Erzbischof ein und belegte Magdeburg mit dem Bann. Der unter starken Druck geratene Rat einigte sich endlich am 26. Februar 1403 mit dem Erzbischof Albrecht auf einen Vergleich, in dessen Folge der Bann von der Stadt genommen wurde und wieder Ruhe in die Stadt einkehrte, ohne dass die Verfassung von 1330 gravierend verändert wurde.[82] Todesopfer waren während der Unruhe nicht zu beklagen. Belege für ein Eingreifen der Hanse gibt es nicht, offenbar weil zum einen kein Blut geflossen war, zum anderen Magdeburg in diesen Jahren eher in einer gewissen Distanz zur Hanse stand.

Das änderte sich im weiteren Verlauf des 15. Jahrhunderts nicht unerheblich. Während der langen Herrschaftszeit Erzbischof Günthers (1403–1445) erreichte die Stadt Magdeburg einen beträchtlichen Zuwachs an Autonomie gegenüber ihrem Stadtherrn, dem Erzbischof, begleitet von Streitereien und einer schweren Fehde zwischen Magdeburg und Günther zwischen 1430 und 1435, in die auch andere Städte hineingezogen wurden. Im zweiten und dritten Jahrzehnt des 15. Jahrhunderts beteiligte sich Magdeburg stärker an den Angelegenheiten des Sächsischen Städtebundes und der Hanse. So war Magdeburg an den wichtigen Bünden der sächsischen Städte von 1415 und vor allem 1416 beteiligt. Die Vereinbarung von 1416 war insofern wichtig, als dass die sächsischen Städte ihr Verhältnis zur Hanse regelten und Braunschweig und Magdeburg endgültig als ihre Hauptstädte anerkannten. Diesen beiden Städten wurde die Entscheidung überlassen, ob der Besuch eines Hansetags für die sächsischen Städte ratsam war.

Auf dem vielleicht bedeutendsten Hansetag in der Geschichte der Hanse im Jahr 1418 war von den sächsischen Städten neben Braunschweig Magdeburg anwesend. Seine Bedeutung erhielt dieser Hansetag nicht nur durch die Präsenz fast aller wichtigen Hansestädte, sondern vor allem durch die auf dieser Versammlung getroffenen Bestimmungen, die die innere Struktur und den Zusammenhalt innerhalb der Gemeinschaft betrafen und Teile dieser Struktur entweder neu regelten oder zum erstenmal schriftlich fixierten. Lübeck legte ein 32 Artikel umfassendes hansisches Statut vor, und seine Vorrangstellung in der Hanse als „caput omnium“ (Haupt aller) wurde akzeptiert und erstmals ausdrücklich festgestellt. Ein umfassender Bündnisentwurf wurde von Lübeck ebenfalls eingebracht, der zwar nicht beschlossen wurde, aber deutlich macht, dass die Bedrohung für die Freiheit der Hansestädte im gesamten Hanseraum inzwischen spürbar geworden war.

Wenige Jahre später beteiligte sich Magdeburg zusammen mit Braunschweig und anderen sächsischen Städten aktiv an der Niederschlagung der Halberstädter „Schicht“ 1423–1425 und konnte durch sein Mitwirken dazu beitragen, dass Halberstadt nach Scheitern der „Schicht“ durch vollkommen überzogene Forderungen des Halberstädter Bischofs nicht in dessen Abhängigkeit geriet. Kurze Zeit später bildete sich unter der Führung Braunschweigs und Magdeburgs 1426/27 das umfassendste Bündnis in der Geschichte des Sächsischen Städtebundes mit Verbindung zu den wendischen Städten unter der Führung

Lübecks heraus, was aber nicht verhindern konnte, dass Magdeburg zwischen 1430 und 1435 in die schon angesprochene schwere Fehde mit Erzbischof Günther geriet.

Die Gründe für die am Ende zu einem regelrechten Krieg führenden Spannungen zwischen der Stadt und ihrem Erzbischof erscheinen eher geringfügig,[83] rührten aber an grundsätzlich unterschiedlichen Interessenlagen und hatten deshalb so weit reichende Folgen. Seinen Ausgang nahm dieser Konflikt in der Anfangsphase der Hussitenkriege, genauer im Jahr 1429, als Magdeburg mit der Begründung der heraufziehenden Hussitengefahr begann, seine Verteidigungsanlagen, besonders in der Nähe des Doms, auszubauen.[84] Der Erzbischof und das Domkapitel werteten diesen Ausbau als Eingriff in ihre Territorialrechte, zumal für sie, wie sie meinten, der freie Zugang zur Stadt und zu ihren Höfen dadurch behindert würde. Beispiele anderer Städte zeigen tatsächlich, dass der Ausbau von Befestigungsanlagen im Zusammenhang mit der Hussitengefahr auch den Zweck hatte, die Städte gegen gewaltsame Übergriffe des benachbarten Adels oder des eigenen Stadtherrn zu schützen.

Hinter dem Anlass des Konflikts liegt eben die tiefere Ursache in dem sich immer weiter verschärfenden Gegensatz zwischen der nach Unabhängigkeit vom Stadtherrn strebenden Stadt und dem Stadtherrn, der seine Herrschaftsrechte der Stadt gegenüber erhalten und nach Möglichkeit erweitern wollte. Magdeburg stützte seine Stellung in dieser sich anbahnenden Fehde durch eine intensive Bündnispolitik ab. Am 4. April 1429 schloss Magdeburg mit einer Reihe von sächsischen Städten ein allgemeines Schutzbündnis, das am 18. Mai 1432 erneuert wurde.[85] Dem erstgenannten Bündnis schlossen sich später die thüringischen Städte Erfurt, Mühlhausen und Nordhausen an. Zwischen diesen beiden Bünden verbanden sich die sächsischen Städte am 1. Mai 1430 zusammen mit den genannten thüringischen Städten in einem speziell gegen die Hussitengefahr gerichteten Bündnis.[86] Zusätzlich hatte Magdeburg am 11. September 1429 mit den Herzögen Bernhard, Otto und Friedrich von Braunschweig ein Freundschafts- und Schutzbündnis abgeschlossen.[87]

Die Jahre 1430 bis 1432 waren geprägt durch den schriftlich ausgetragenen Streit zwischen Magdeburg und seinem Erzbischof und durch zahllose diplomatische Aktivitäten, die aber am Ende nicht zum Erfolg führten. Als letzter Versuch hat das Einsetzen von vier Schiedsrichtern zu gelten, die im August

1432 letztmalig und wieder ohne Ergebnis zusammenkamen. Magdeburg schmiedete ein weiteres Bündnis am 8. Juli 1432 mit Fürst Adolf von Anhalt, Erzbischof Günther am 27. Juli 1432 mit Herzog Wilhelm von Braunschweig gegen die Städte Braunschweig und Magdeburg.[88] Der Erzbischof hatte sich durch weitere Bündnisse verstärkt, und schließlich brach der Krieg los. Er verlief mit einiger Heftigkeit, wurde durch eine schlechte Ernte infolge von starken Regenfällen und Überschwemmungen und einen langen, harten Winter 1432/33 für die Bevölkerung im Magdeburger Land in seinen Wirkungen noch verstärkt und endete nach einem für Magdeburg günstigen Verlauf mit einem Schiedsspruch am 29. Juni 1435.[89] Der Frieden wurde zwischen Erzbischof Günther und seinen Verbündeten auf der einen und Magdeburg und Halle auf der anderen Seite geschlossen. Die Regelungen dieser Einigung sahen im Wesentlichen vor, dass die neu angelegten Befestigungsanlagen in Magdeburg erhalten blieben und der Erzbischof und die Domherrn ungehinderten Zugang über die Burgfriedensbrücke und die „Düstere Pforte“ haben sollten. Der Besitz des Erzbischofs, der im Verlauf der Fehde von Magdeburg eingenommen worden war, sollte von der Stadt zurückgegeben werden. Die Städte des Erzbistums Magdeburg behielten ihre alten Rechte und Privilegien. Die Lossprechung der Städte Magdeburg und Halle von Bann und Reichsacht, die im Verlauf der Fehde über die Städte verhängt worden waren, sollte Kurfürst Friedrich von Brandenburg beim Konzil und beim Kaiser bewirken, wofür ihm die Stadt Braunschweig 4 000 rheinische Gulden zur Verfügung stellte. Damit war der Frieden wiederhergestellt.

Die Hanse hatte sich während dieser schweren Fehde zurückgehalten und dem hansischen Raumverständnis entsprechend die Bewältigung der Krise hauptsächlich den sächsischen Städten überlassen.

So intensiv die bündnispolitischen Beziehungen Magdeburgs zu den Nachbarstädten, vor allem Braunschweig auch waren, erste Erosionen wurden sichtbar, als gegensätzliche ökonomische Interessen Konkurrenzsituationen heraufbeschworen, die deutlich über die gewohnte Konkurrenz zwischen Kaufleuten hinausgingen. Ein wesentlicher Erwerbszweig der Magdeburger Wirtschaft bestand im Elbhandel, besonders elbabwärts. Im Vergleich von 1309 zwischen der Stadt Magdeburg und Erzbischof Burchard III. hatte die Stadt die „formelle Anerkennung des ohne Zweifel längst bestandenen Getreidestapelrechts“[90] erreicht. Dieses Stapelrecht sicherte Magdeburg eine Monopolstellung im Elb-

handel. Die Stadt wurde zum großen Umschlagplatz von Land- und Flusshandel. Von Magdeburg aus lief vor allem der Getreidehandel auf der Elbe nach Hamburg und Flandern, wo aufgrund der großen Kaufkraft in diesen Gebieten erhebliche Gewinne für die Magdeburger Kaufleute zu erzielen waren. Im Jahr 1439 besann die Stadt Braunschweig sich ihres uralten, inzwischen aber brach liegenden Wasserweges über Oker, Aller und Weser nach Bremen und von dort in die flandrischen Gebiete und begann mit großem Aufwand die Oker wieder schiffbar zu machen. Dieser Versuch Braunschweigs traf Magdeburg an einer ganz empfindlichen Stelle und brachte die Stadt sofort in eine Gegnerschaft zu Braunschweig, dokumentiert durch ein Bündnis Magdeburgs mit Lüneburg, das wie Hamburg vom auf der Elbe verschifften Getreide abhing, gegen Braunschweig vom 30. April 1439.[91]
Magdeburg ging noch einen Schritt weiter und kündigte am 9. Mai 1439 sein Bündnis mit Braunschweig auf,[92] was Braunschweig wenige Wochen später mit demselben Schritt beantwortete.[93] Der Streit zog sich bis zu seiner Beilegung im Jahr 1459[94] mit einigen bedrohlichen Zuspitzungen und Vergleichen hin, im Jahr 1440 stand man kurz vor einem Städtekrieg.

Der Konflikt zwischen Magdeburg und Lüneburg auf der einen, Braunschweig auf der anderen Seite zeigt deutlich, dass die starken, traditionsreichen Bindungen zwischen den sächsischen Städten in dem Moment brüchig wurden, in dem die Handelsinteressen einer Stadt auf dem Spiel standen. Außerdem kommt die außerordentlich wichtige Rolle, die für Magdeburg der Elbhandel und seine Privilegien spielten, zum Ausdruck. Der Konkurrenzkampf begann schon in Magdeburg selbst, da die Kaufleute aus der Neustadt und aus Sudenburg den Kaufleuten der Altstadt das Monopol der Kornverschiffung auf der Elbe streitig machten, was aber die Kaufleute der Altstadt zu verhindern wussten.[95]

Das Verhältnis zwischen Magdeburg, Braunschweig und den anderen sächsischen Städten hatte durch den Streit um die Elbschifffahrt nicht dauerhaft Schaden gelitten. So waren die Städte an den so genannten hansischen Tohopesaten (Bündnissen) von 1443, 1447 und 1451 gemeinsam beteiligt.[96] Auch in den sächsischen Bündnissen in den Jahren danach, 1459, 1462, 1464, 1471, 1476, 1482, 1484 und 1488, sind Magdeburg und Braunschweig mit einem relativ stabilen Kreis von Städten beteiligt. Die Situation für die sich de facto als autonom definierenden Städte wurde im Verlauf der zweiten Hälfte des

15. Jahrhunderts zunehmend schwieriger, da die Landesherren immer weniger bereit waren, die Städte als gleichsam herrschaftsfreie Stadtrepubliken in ihren Territorien zu akzeptieren und auf die klassischen Einnahmen aus Markt, Münze und Zoll dauerhaft zu verzichten, da sie diese Rechte in den meisten Fällen schon längst an die Städte verpfändet hatten und in der Regel finanziell nicht in der Lage waren, sie zurückzukaufen. Besonders die Nachbarstädte Magdeburgs gerieten unter erheblichen Druck ihrer Stadtherren und wurden eine nach der anderen durch militärische Eroberung oder Zermürbung von diesen unterworfen.

Magdeburg war am Ende des 15. Jahrhunderts als einzige Stadt im östlichen Teil des Sächsischen Städtebundes noch nicht unterworfen worden. Einen großen Anteil an dieser Unterwerfungspolitik hatte der Magdeburger Erzbischof Ernst, der von 1476 bis 1513 an der Spitze des Erzbistums Magdeburg stand und seit 1480 das Bistum Halberstadt mitverwaltete. Halle, Aschersleben und Halberstadt waren von ihm bereits eingenommen worden. Es entsprach ganz der Logik dieser Intensivierung der Landesherrschaft, wenn Erzbischof Ernst versuchte, auch Magdeburgs Freiheit zu beschneiden. Es kam zwar nicht zu kriegerischen Auseinandersetzungen, aber zu langwierigen und sehr schwierigen Verhandlungen, die 1486 in einem Vergleich zwischen der Stadt und dem Erzbischof einmündeten, der für Magdeburg eher ungünstig war.[97] Der Versuch Magdeburgs, freie Reichsstadt zu werden, scheiterte in diesen Jahren endgültig, die Stadt hatte durch den Vergleich, der sie auch noch achttausend Gulden kostete, den Erzbischof wieder unumschränkt als Stadtherrn anerkannt. Wahrscheinlich hat die im August 1486 stattgefundene Eroberung Halberstadts durch Erzbischof Ernst ihren Teil dazu beigetragen, indem Magdeburg im Falle der Unbotmäßigkeit das eigene Schicksal vor Augen stand.[98]

Die Streitereien gingen jedoch weiter und erreichten zwischen 1494 und 1497 ihren Höhepunkt. Wieder wurde der Konflikt nicht militärisch ausgetragen, sondern mit langen Klageschriften und entsprechenden Erwiderungen. Am 21. Januar 1497 wurde der Streit durch einen Vertrag beendet, den beide Seiten anerkannten.[99] Die in diesem Vertrag vorgenommenen Regelungen lassen sich unter fünf Betreffen zusammenfassen:[100]

I. Das staatsrechtliche Verhältnis der Altstadt zum Erzbischof und dem Erzstift,

II. Die Gerichtsbarkeit,
III. Die öffentlichen Bauten,
IV. Marktverkehr, Handel und Gewerbe,
V. Zinse, Zölle und Wegegeld.

Dieser Vertrag nahm der Stadt die letzte Möglichkeit, doch noch die Anerkennung als freie Reichsstadt zu erreichen. Offensichtlich hat der Rat von Magdeburg mit zwei gefälschten, der Stadt umfangreiche Privilegien zubilligenden Urkunden aus der Zeit Ottos I. (7. Juni 947)[101] und Ottos II. (13. Mai 978)[102] seine Rechtsposition gegenüber dem Erzbischof zu stärken versucht, was aber misslang.[103] Aber immerhin geben diese wahrscheinlich ins Ende des 15. Jahrhunderts gehörenden Fälschungen einen Hinweis auf das Selbstverständnis Magdeburgs als alte ottonische Kaiserstadt, das einen Status als freie Reichsstadt am Ende des Mittelalters rechtfertigen sollte. Als inkonsequent und falsch kann man die Weigerung Magdeburgs betrachten, den Ladungen Kaiser Maximilians zu den Reichstagen 1499 in Augsburg und 1507 in Konstanz Folge zu leisten,[104] da hier eine Chance, doch noch freie Reichsstadt zu werden, vertan worden ist. Für Magdeburg hätte sich allerdings mit einiger Wahrscheinlichkeit die Situation ergeben, dass man die Aufwendungen einer Reichsstadt auf sich hätte nehmen müssen, ohne vom Kaiser die förmliche Anerkennung dieses Status zu erhalten, womit die Stadt am Ende nur viel Geld ausgegeben und so gut wie nichts dafür erhalten hätte. Im Übrigen ist es durchaus fraglich, ob Magdeburg überhaupt Reichsstadt werden wollte. Beispiele anderer Städte lehren, dass man durchaus den Schwebezustand einer de facto autonomen Stadt ohne offiziellen Reichsstadtstatus zu schätzen wusste.

Mit dem Frieden vom 21. Januar 1497[105] wird in der Forschung häufig die Verlegung der erzbischöflichen Residenz von Magdeburg nach Halle in den Jahren danach in Verbindung gebracht. Ganz so eindeutig ist der Zusammenhang nicht, wenn man die erzbischöflichen Aufenthalte in Halle und Magdeburg vor und nach 1497 betrachtet.[106] Einen wirklichen Einschnitt gab es, als der Bau des 1479 begonnenen Stadtschlosses in Halle im Jahr 1503 zum Abschluss kam. Die Burg Giebichenstein musste der gerade erbauten Moritzburg als erzbischöfliche Residenz weichen. Bis zu seinem Tod im Jahr 1513 hielt sich Erzbischof Ernst – vor allem nach der Vollendung des letzten Bauabschnittes auf der Moritzburg im Jahr 1509 – vorwiegend dort auf. Als seine Grabstätte jedoch war schon lange der Magdeburger Dom vorgesehen.

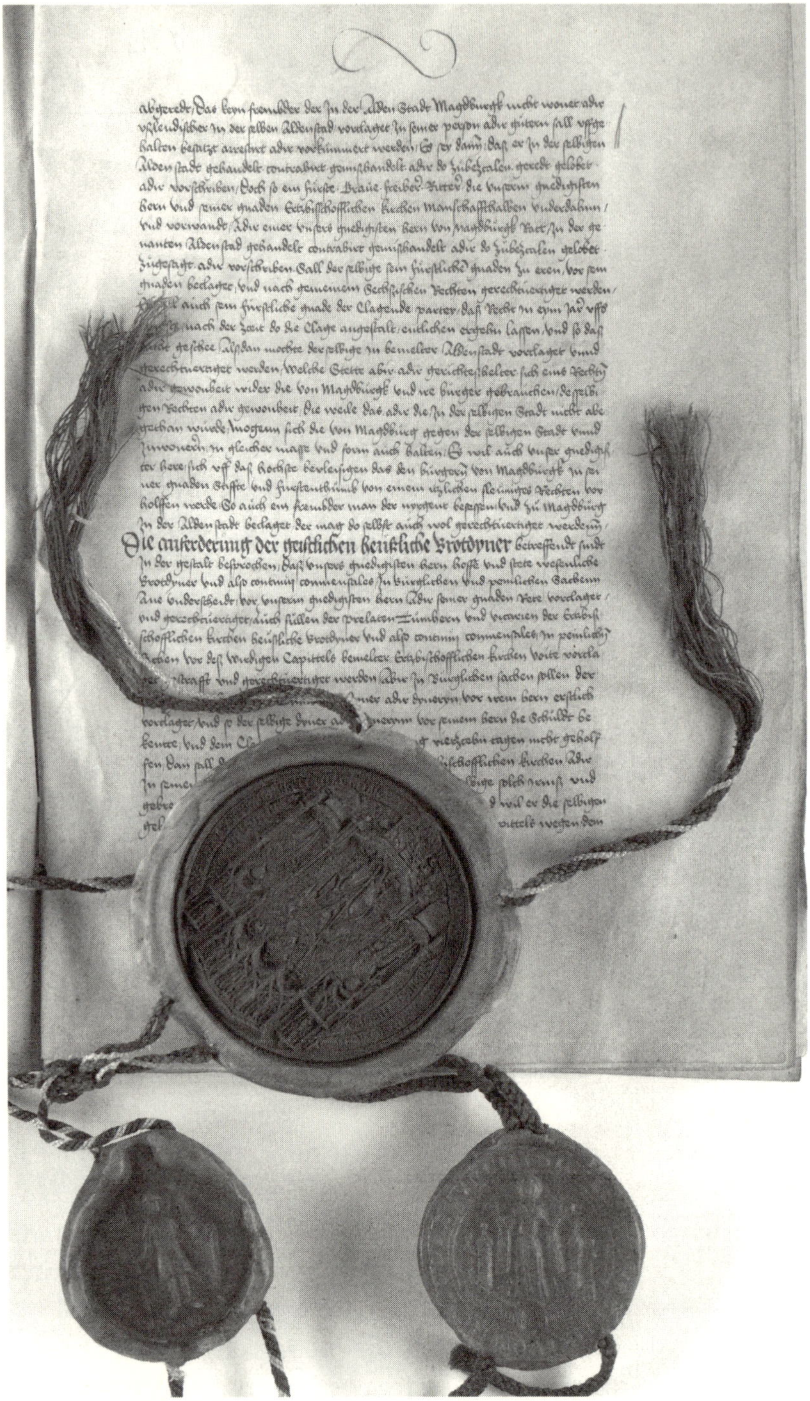

Vergleich zwischen Erzbischof Ernst und der Stadt Magdeburg vom 21. Januar 1497

Kardinal Albrecht von Brandenburg, Nachfolger Ernsts auf dem erzbischöflichen Stuhl, gab dann der Moritzburg in Halle ganz und gar den Vorzug, so dass sich unter ihm der endgültige Umzug des erzbischöflichen Hofes von Magdeburg nach Halle vollzog. Der Baubeginn des Stadtschlosses in Halle im Jahr 1479 war sicher nicht in erster Linie Ausdruck eines sich verschlechternden Verhältnisses zwischen dem Erzbischof und der Stadt Magdeburg, sondern gehörte zu den Friedensbedingungen nach der Unterwerfung Halles durch den Erzbischof im Jahr 1478.[107] Der Erzbischof wollte nicht mehr außerhalb der Stadt auf dem Giebichenstein residieren, sondern durch das Stadtschloss innerhalb der Stadt seine Stadtherrschaft deutlich dokumentieren. Die Gestaltungsmöglichkeiten in der unterworfenen Stadt Halle waren für den Landesherrn natürlich viel größer als in Magdeburg, wo er sich mit einer selbstbewussten und sich als frei definierenden Bürgerschaft und dem mächtigen Domkapitel konfrontiert sah. Die Verlagerung der erzbischöflichen Residenz von Magdeburg nach Halle geschah in einem über mehrere Jahrzehnte gestreckten Prozess, der auch mit der unterschiedlichen Stellung der Städte Halle und Magdeburg zusammenhing und durch den Vertrag von 1497, in dem Magdeburg seine faktische Autonomie gegenüber dem Erzbischof weitgehend behaupten konnte, sicher gefördert wurde.[108]

Obwohl Magdeburg das ganz große Ziel, sich aus der erzbischöflichen Landesherrschaft zu befreien und reichsunmittelbar zu werden, nicht erreicht hatte (sofern sie es überhaupt erreichen wollte), stand die Stadt am Ende des Mittelalters durchaus nicht mit leeren Händen da, sondern präsentierte sich als zwar nicht rechtlich, aber de facto politisch freie und sich selbst verwaltende große Hansestadt und Sitz des Schöffenstuhls des Magdeburger Rechts, das in weite Teile Osteuropas ausstrahlte. Ob Magdeburgs quasi freie Stellung bis weit in das 17. Jahrhundert hinein und die Verlegung der erzbischöflichen Residenz nach Halle für die langfristige Entwicklung der Stadt förderlich waren, steht auf einem anderen Blatt und stellt sich aus der Sicht der Zeit um 1500 sicher anders dar als aus der Sicht des frühen 21. Jahrhunderts.

Magdeburg – eine mittelalterliche Metropole in Europa

„Wir [der Papst] aber, die wir seinen [des Kaisers Otto] dem Dienste Gottes in bewundernswerter Weise hingegebenen Sinn bewundern, haben es für angemessen gehalten, ihm nachzugeben, indem wir unter Zustimmung der gegenwärtigen heiligen Symbole und des Kaisers selbst bestimmen, daß Magdeburg, an der Elbe gelegen, wo der gottgesegnete Kaiser selbst dem Leib des Heiligen Mauritius mit vielen Märtyrern eine Stätte bereitet und eine Kirche von wunderbarer Größe errichtet hat, nächstdem Metropole sei und genannt werde, in der Autorität des seligen Petrus des Apostelfürsten, und in der [Autorität], in welcher unsere Vorgänger Konstantinopel errichtet haben. Daher, weil unser Sohn, der mehrfach genannte Otto, aller Kaiser erhabenster, als dritter nach Konstantin in besonderer Weise die Römische Kirche erhöht hat, gestehen wir zu, daß sie [die Magdeburger Kirche] nicht zurückstehen soll hinter den übrigen Metropolitanstädten, sondern mit den ersten als erste und mit den ehrwürdigen als ehrwürdige unerschüttert bleibe."[1] In dieser Urkunde Papst Johannes' XIII. vom 20. April 967 ist die Grundlage für das im weiteren Verlauf des Mittelalters stets zu spürende Bewusstsein Magdeburgs gelegt, eine Stadt Ottos des Großen und vom gleichen Rang wie die anderen erzbischöflichen Metropolen Mainz, Köln und Trier zu sein.

Im Oktober 968 ging der Papst noch einen Schritt weiter und verlieh dem ersten Magdeburger Erzbischof Adalbert den Primat, das heißt den Vorrang unter den ostfränkischen Erzbistümern.[2] Dieser Anspruch konnte zwar in der Folge in der Realität nicht durchgesetzt werden, unterstreicht aber, was Papst und Kaiser perspektivisch aus dem jungen Erzbistum Magdeburg machen wollten. Immerhin entwickelte sich Magdeburg unter dem ersten Erzbischof Adalbert glänzend weiter und wurde zu einem der bedeutendsten kulturellen Zentren des Reiches.[3] Vor allem die Domschule, durch die der berühmte Adalbert von Prag gegangen war, erlebte unter ihrem Leiter Othrich, der mit Cicero verglichen wurde,[4] eine Blütezeit.

Die von Otto dem Großen in Gang gesetzte Entwicklung Magdeburgs kann man in ihrer Wirkung kaum überschätzen. Nach der Gründung des Magdeburger Erzbistums 968 gab es im nordalpinen Reich Ottos des Großen sechs Erzbistümer: Salzburg, Mainz, Köln, Trier, Bremen und Magdeburg. Von

Fürstengrablege (Fundort Domplatz) aus der Zeit Ottos des Großen im Kaiser-Otto-Saal, Kulturhistorisches Museum Magdeburg

937 bis 968 hatte Magdeburg den Weg von einer entlegenen Grenzfeste des ostfränkischen Reiches zu einer der sechs Metropolen im ottonischen Reich nördlich der Alpen zurückgelegt. Ohne die systematische jahrzehntelange Förderung durch Kaiser Otto den Großen wäre diese Entwicklung völlig undenkbar gewesen. In dem Bericht von der Synode in Ravenna im September/Oktober 968, auf der die Einrichtung des Erzbistums Magdeburg und die Ernennung Adalberts als ersten Erzbischof von Magdeburg beschlossen wurden, wird deutlich, welche Förderung Otto dem Ort zuteil werden ließ: „Als Zentrum der neuen Kirchenprovinz biete sich Magdeburg an, weil der Kaiser dort eine *civitas* gegründet, viel Volk angesiedelt, Kirchen errichtet sowie Märtyrerreliquien, darunter die von Mauritius und Innocentius, dorthin überführt habe. ... Zudem eigne sich Magdeburg aufgrund seiner günstigen

politisch-geographischen Lage – an der Grenze zwischen Sachsen und dem slawischen Gebieten – als Haupt der neuen Kirchenprovinz."[5]
In diesem Bericht, der die Argumente des Papstes aus der Urkunde vom 20. April 967 für die Gründung des Erzbistums Magdeburg aufgreift und verstärkt, heißt es sogar, der „allergnädigste Cesar", also Otto der Große, hätte eine „wunderbare Stadt" gegründet, die man Magdeburg nennt. Auch wenn der Verfasser dieses Berichtes, Ambrosius, Kanzler Ottos I., mit der Heraushebung, dass Otto eine „wunderbare Stadt" gegründet hätte, vor allem der Schwierigkeit begegnen wollte, die der Kaiser hatte, der päpstlichen Kurie glaubhaft zu machen, dass Magdeburg zu der Zeit um 967/68 eine „civitas", eine Stadt sei, was Voraussetzung für die Einrichtung eines Erzbistums war, muss doch deutlich hervorgehoben werden, dass der Gründer der „Stadt" Magdeburg bereits in den Augen seiner Zeitgenossen Otto der Große war. Karl der Große hatte 805 ein Grenzkastell errichtet, nicht mehr und nicht weniger.

973, als Otto der Große starb, hatte Magdeburg folgende Ausgangsposition für die Zukunft. Als Zentrum des neu gegründeten Erzbistums war die Stadt als geistliche Metropole eine der hervorragenden Städte nördlich der Alpen. Ihre Funktion als geistliches Zentrum erhielt sie besonders durch ihre Domschule

Magdeburger Domplatz, Stadtkerngrabung 1959–1968 von Ernst Nickel: Teile der freigelegten Gräben und Fundamente aus ottonischer Zeit

und die Funktion als Ausgangspunkt der Missionstätigkeit in den slawischen Gebieten. Politisch war die Stadt als Sitz der Landesherrschaft, über die der Erzbischof ja ebenfalls verfügte, bedeutend. Ökonomisch spielte die Stadt spätestens seit der Zeit Karls des Großen durch den über Magdeburg in west-östlicher Richtung verlaufenden Landhandel und den in Nord-Süd-Richtung über die Elbe verlaufenden Handel zu Wasser eine große Rolle. Neben dem Erzbischof und seinem Hof hatte sich in der Zeit Ottos des Großen aus Kaufleuten und Handwerkern eine Bürgergemeinde gebildet.

Die bevorzugte geographische Lage und die zur erzbischöflichen Metropole ausgebaute „civitas" begünstigten die Ansiedlung von Handwerkern und Kaufleuten sowie die Entstehung eines bedeutenden Fernhandels.
Auf dieser Grundlage konnte Magdeburg das ganze Mittelalter hindurch die Position als Metropole des Erzbistums und wirtschaftliches Gravitätszentrum behaupten und ausbauen.

Auf der Basis der im 10. Jahrhundert geschaffenen Ausgangssituation entwickelte sich eine der bedeutendsten europäischen Stadtrechtsfamilien, das Magdeburger Recht. Dieses Recht entwickelte sich aus den ottonischen Markt-, Münz- und Zollprivilegien vom 10. bis ins 12. Jahrhundert. Wie sich diese Rechtsentwicklung vollzog, ist aufgrund der schlechten Überlieferungslage allerdings nicht exakt zu rekonstruieren.[6] Immerhin wurde ja das Magdeburger Kaufmannsrecht erstmals 994 in einer Urkunde König Ottos III. als Muster für Quedlinburg erwähnt.[7] Die Bewidmung von Städten mit Magdeburger Recht um die Mitte des 12. Jahrhunderts durch Erzbischof Wichmann zeigt, wie weit sich dieses Recht bis dahin entwickelt hatte, auch wenn es geschrieben nicht vorliegt. Nach der Stadtrechtsbesserung von 1188 für Magdeburg durch Erzbischof Wichmann verbreitete sich das Magdeburger Recht zusammen mit dem zwischen 1220 und 1235 entstandenen Sachsenspiegel Eike von Repgows, dem berühmten sächsischen Land- und Lehnrecht, vor allem nach Osten. Die Zusammenhänge zwischen dem Magdeburger Recht und dem Sachsenspiegel sind schon dadurch gegeben, dass die Magdeburger Schöffen in den Rechtsmitteilungen des 13. und 14. Jahrhunderts sich in weiten Phasen auf Texte des Sachsenspiegels berufen haben.[8] Als Gründe für die weite Verbreitung des Magdeburger Rechts lassen sich nennen:

1. Das Magdeburger Recht war für sich in Richtung von Marktverkehr und Handel entwickelnde Orte attraktiv, weil es vor allem ein Kaufmannsrecht

war, das die Freiheit des Kaufmanns und möglichst ungehinderten Handel in den Mittelpunkt stellte, sowie ein Stadtrecht, das die städtische Freiheit, den Frieden, das Recht und die Verfassung beinhaltete.[9]

2. Die Siedlungsbewegung vor allem nach Osten sorgte für die weite Verbreitung des Magdeburger Rechts, namentlich in der Mark Brandenburg, in Pommern, Preußen, Thüringen, Sachsen, Schlesien, Böhmen und Mähren, Polen, Litauen und in der Ukraine.[10] An dieser Siedlungsbewegung hatte vor allem der Magdeburger Erzbischof Wichmann einen erheblichen Anteil.

Der Siegeszug des Magdeburger Rechts basierte also auf der seit der Zeit Karls des Großen erkannten exponierten Lage der Stadt an der Elbe, jahrhundertelang an der Nahtstelle zwischen zwei Welten gelegen, an der zwischen dem 10. und 12. Jahrhundert stark gewachsenen Bedeutung als Handelsstadt und der nach Osten ausgreifenden Siedlungstätigkeit des Magdeburger Erzbischofs.

Die Bindung zwischen den Tochterstädten des Magdeburger Rechts und Magdeburg basierte nicht nur darauf, dass diese Städte nach Magdeburger Recht lebten, sondern in Zweifelsfällen bei den Schöffen der Mutterstadt auch um Sprüche baten, „weil Sie bei Ihnen die bessere Rechtskenntnis und größere Praxiserfahrungen vermuteten."[11] Diese Sprüche konnten Rechtsbelehrungen allgemeiner Art sein oder Entscheidungen konkreter Rechtsfälle. Auf diese Weise entwickelte sich der Magdeburger Schöffenstuhl zum jahrhundertelang akzeptierten Oberhof des Magdeburger Rechts, der erst im 16. und zu Beginn des 17. Jahrhunderts an Bedeutung verlor, um schließlich durch die völlige Zerstörung Magdeburgs und den Verlust des großen Schöffenstuhlarchivs, wo sämtliche jemals getätigten Sprüche (vermutlich seit dem 13. Jahrhundert) aufbewahrt wurden, am 10. Mai 1631 unterzugehen.

Die von Magdeburg im Laufe des Mittelalters ausgehenden Impulse sind außerordentlich vielfältig und wirkmächtig, aber noch längst nicht ihrer Bedeutung gemäß ausreichend erforscht. Vieles, wie etwa der Hausbau des Mittelalters oder die schriftliche Überlieferung im Ratsarchiv und im Archiv des Schöffenstuhls, lässt sich wegen der schweren Verwüstung Magdeburgs im Jahr 1631 nicht mehr rekonstruieren. In dreierlei Hinsicht kann Magdeburg aber durch vorhandene und der Stadt zuzuordnende Werke seinen Platz als Kunstmetropole des Mittelalters deutlich unterstreichen.

1. Der Bau der gotischen Kathedrale, 1209 begonnen, 1363 geweiht, 1520 vollendet.[12] Seine überragende bauhistorische Bedeutung erhielt der Dom dadurch, dass er zu einem Zeitpunkt begonnen wurde, als es in Deutsch-

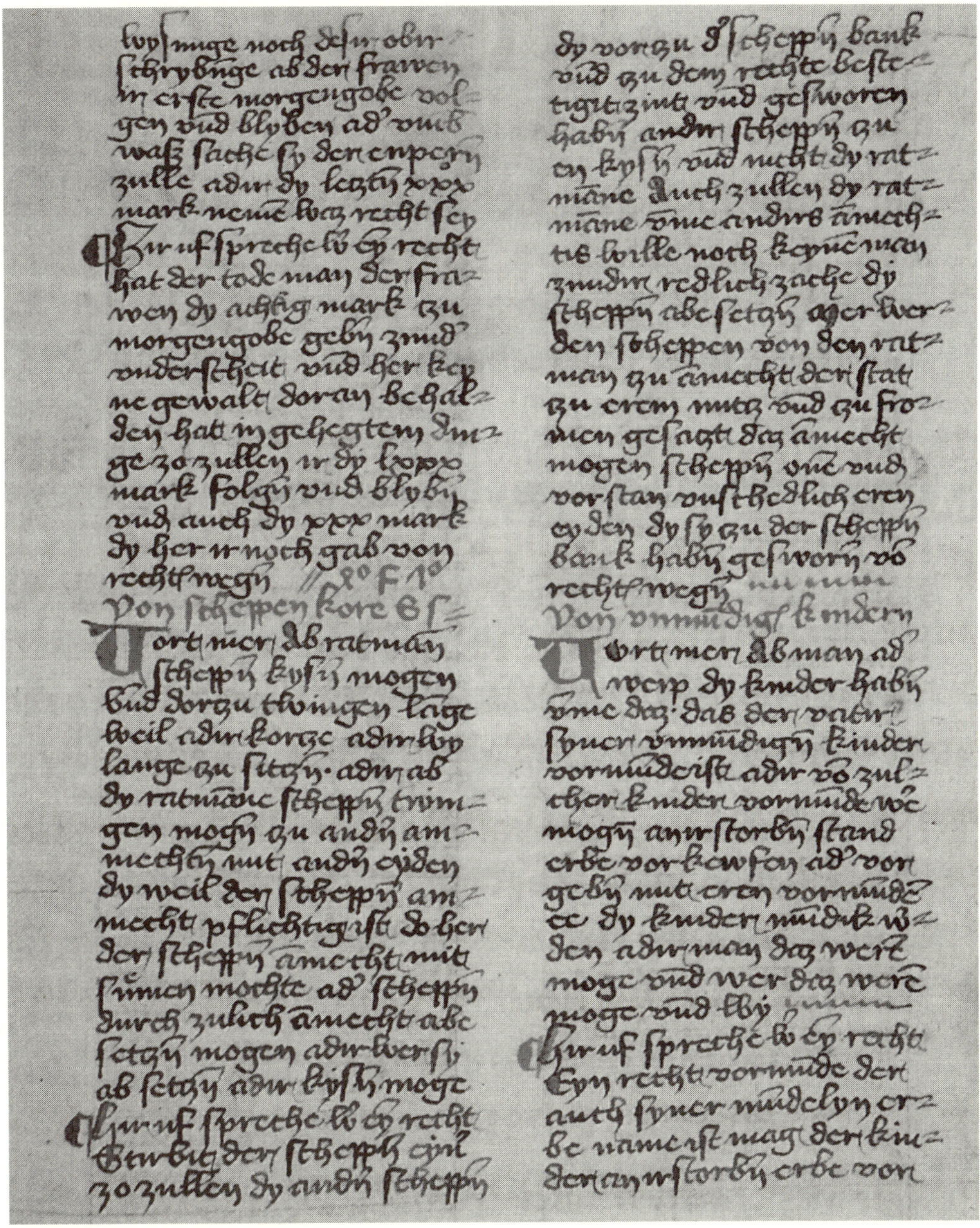

Magdeburger Schöffensprüche, 15 Jh.

land kein Vorbild für diesen Bau gab.[13] Der Bau orientierte sich deutlich an französischen Kathedralen, die in Reims, Chartres oder Paris in jener Zeit entstanden und von Erzbischof Albrecht II. von Magdeburg gesehen und bewundert wurden, so dass er den Brand des ottonischen Domes 1207 zum Anlass nahm, einen neuen Dom nach der neuen, aufstrebenden Kathedralarchitektur zu errichten. Da der Dom auch noch im Wesentlichen im Mittelalter fertig gestellt wurde, handelt es sich um einen ganz der Zeit vom 13. bis 15. Jahrhundert verpflichteten Bau.

Als erster gotischer Kathedralbau in Deutschland beansprucht der Magdeburger Dom einen hervorragenden Rang in der europäischen Kirchenarchitektur.

2. Im Zusammenhang mit dem Beginn des gotischen Dombaus im 13. Jahrhundert steht die Entwicklung der monumentalen Plastik in Magdeburg, die in der ersten Hälfte des 13. Jahrhunderts einen Höhepunkt erlebte. In dieser Zeit entstanden u. a. die zehn klugen und törichten Jungfrauen am Nordquerhausportal, das himmlische Brautpaar, der hl. Mauritius. Hinzu kommt der Magdeburger Reiter, der auf dem Alten Markt aufgestellt war. Zeitlich und stilistisch gehören die erwähnten Werke und noch einige andere eng zusammen und wurden in den vierziger Jahren des 13. Jahrhunderts geschaffen.[14] Die aus dem 14. und 15. Jahrhundert stammenden Plastiken im Dom sind durchaus erwähnenswert, können aber die Ausstrahlung der frühgotischen Bildhauerei in Magdeburg nicht ganz erreichen.
3. In der zweiten Hälfte des 12. Jahrhunderts entwickelte sich vor allem unter Erzbischof Wichmann der Magdeburger Bronzeguss, der Spitzenwerke dieser Kunstgattung hervorbrachte, unter denen die beiden Grabplatten Friedrichs von Wettin und Wichmanns, die den Dombrand von 1207 überstanden und in die neue Kathedrale integriert wurden, sowie die berühmte Nowgoroder Tür hervorragen. Ein Nachkriegsbodenfund in Magdeburg, der ein bronzenes Aquamanile in Form eines Löwen zum Vorschein brachte, datiert in das späte 12. Jahrhundert und gibt einen deutlichen Hinweis darauf, dass in Magdeburg auch Kleinbronzen entstanden. Inzwischen wird eine ganze Reihe von hochrangigen Bronzen aus dem 12./13. Jahrhundert, die sich heute in europäischen und amerikanischen Sammlungen befinden, in Magdeburg lokalisiert, wie etwa der „Schreiber-Mönch“ aus dem Metropolitan Museum in New York oder die „reitende Superbia“ aus dem Louvre in Paris.[15]

Löwenaquamanile, 2. Hälfte 12. Jh./Anfang 13. Jh.

Die große Qualität und Monumentalität der erwähnten Werke der Baukunst und der Bildhauerei stehen in einem ganz engen Zusammenhang mit den Herrschaftsstrukturen im Erzbistum Magdeburg, der Persönlichkeit der Erzbischöfe und dem Verhältnis zwischen Stadt und Erzbistum. Diese Kunst war nicht autonom, sondern an Auftraggeber gebunden.[16] Diese Auftraggeber verbanden mit den großen Aufwendungen, die nötig waren, bedeutende Kunstwerke zu schaffen, mehrere Intentionen. Die Kunstwerke sollten der Ehre Gottes dienen, das Repräsentationsbedürfnis der Auftraggeber befriedigen und Herrschaftsverhältnisse wie im Falle des Magdeburger Reiters ausdrücken, der auf dem Alten Markt genau gegenüber dem Rathaus aufgestellt wurde, um die Bürger ständig daran zu erinnern, dass der Erzbischof der Magdeburger Stadtherr war und diese Macht und Befugnis von keinem Geringeren als Otto dem Großen erhalten hatte.

Bronzetür, 1152/54. Sophienkathedrale in Nowgorod

Magdeburg ist schon frühzeitig in Verbindung mit der entstehenden Hanse, also etwa seit Mitte des 13. Jahrhunderts, gekommen und fühlte sich noch im Jahr 1666 zur Hanse zugehörig, als die brandenburgischen Truppen vor der Stadt erschienen und Einlass forderten. Da richtete der Rat die letzten Hilferufe an die Hansestädte Hamburg, Lübeck und Braunschweig. Die Hanse war aber schon selbst sehr geschwächt und hörte wenige Jahre später auf zu existieren (1669 fand der letzte Hansetag statt[17]), so dass von Lübeck lediglich die Antwort kam, sich „lieber in etwas zu cedieren, denn es auf die extrema ankommen zu lassen."[18]

Für Magdeburg als Gewerbe- und Handelsstadt war die Zugehörigkeit zur Hanse also gewissermaßen etwas ganz Natürliches. Die Stellung Magdeburgs in der Hanse im Mittelalter exakt zu definieren, gelingt aufgrund der schlechten städtischen Quellenlage kaum. Die in den hansischen Quellen vorliegenden Magdeburg-Betreffe bestätigen einen von Ehbrecht ausgesprochenen Eindruck: „Magdeburg ... scheint innerhalb der Hanse nicht den

Gotisches Tor, Möllenvogtei. Einziges erhaltenes Stadttor aus dem Mittelalter

Ansicht des Domes von Osten mit Kapellenkranz, Bischofsgang und Hohem Chor

hervorragenden Platz eingenommen zu haben, den man angesichts der bedeutenden Rolle erwarten würde, die es bei der deutschen Ausdehnung im Osten gespielt hat.“[19]
Es bieten sich zwei Ursachen für diesen Befund an. Zum einen könnte es sein, dass Magdeburgs Handel möglicherweise schon seit alters her zunächst teilweise in nicht hansischen Bahnen verlief, so dass man der Hanse einfach nicht bedurfte. Zum anderen scheint der Zugriff des Landesherrn, dem die Stadt permanent in ganz anderer Weise ausgesetzt war als Braunschweig etwa den verschiedenen Linien der welfischen Familie, Magdeburg so zugesetzt zu haben, dass die Stadt ihre Politik innerhalb des Sächsischen Städtebundes und der Hanse immer auch vorsichtig und unter dem Aspekt betrieb, den Landesherrn mit dieser Politik nicht zu Übergriffen zu provozieren.[20]

So bleibt der Gesamteindruck, dass Magdeburg zwar sehr lange Mitglied der Hanse war und sich auch als Hansestadt definierte, aber aus politischen und ökonomischen Gründen, von wenigen Phasen abgesehen, nicht die aktive Rolle in der Hanse spielte, die sie wegen ihrer Gesamtbedeutung hätte einnehmen können. Dennoch trug die Zugehörigkeit zur Hanse und zum Sächsischen Städtebund wesentlich zur Entwicklung Magdeburgs in wirtschaftlicher Hinsicht bei und ermöglichte es der Stadt, am Ende des Mittelalters ihre faktische Autonomie gegenüber dem Erzbischof zu erlangen.

Anmerkungen

I. Magdeburg – Pfalz Ottos des Großen im 10. Jahrhundert

1 Ferdinand Albert Wolter, Geschichte der Stadt Magdeburg, Magdeburg 1901, S. 3.

2 Vgl. Hans-Joachim Bartmuß, Die Gründung des Moritzklosters in Magdeburg 937, S. 4–14, in: Magdeburger Blätter 1987.

3 Helmut Beumann, Die Ottonen, Stuttgart/Berlin/Köln ^{2}1991, S. 57.

4 Zum Burgenbau Heinrichs I. vgl. Heinrich Büttner, Zur Burgenbauordnung Heinrichs I., S. 1–17, in: Blätter für deutsche Landesgeschichte 92, 1956, und Herbert Jankuhn, „Heinrichsburgen“ und Königspfalzen (= Veröffentlichungen des Max-Planck-Instituts für Geschichte 11, 2, 1965).

5 Vgl. Dietrich Claude, Geschichte des Erzbistums Magdeburg bis in das 12. Jahrhundert, Bd. 1, Köln/Wien 1972, S. 20.

6 Vgl. ebd.

7 Vgl. ebd.

8 Vgl. Karl Schmid, Die Thronfolge Ottos des Großen, S. 80–163, in: ZRG Germ. Abt. 81, 1964, S. 109.

9 Vgl. Claude, Geschichte des Erzbistums, Bd. 1, S. 21.

10 Vgl. Cord Meckseper, Das Palatium Ottos des Grossen in Magdeburg, S. 101–115, in: Burgen und Schlösser, 27. Jg., Heft 1986/II; Matthias Puhle, Magdeburg im frühen Mittelalter. Vom karolingischen Königshof zur ottonischen Kaiserstadt (Magdeburger Museumshefte Nr. 4), Magdeburg 1995, S. 26 ff.

11 Von 955 an soll an der Stelle, wo das Mauritiuskloster stand, der ottonische Dom gebaut worden sein. Dieser Dom brannte 1207 ab, was den Neubau des Doms, die heutige gotische Kathedrale, zur Folge hatte.

12 Johannes Pomarius, Der Magdeburgischen Stadt Chronicken, Magdeburg 1587, S. K II.

13 Zusammenfassender Beitrag dazu von Rainer Kuhn u. a.: „Wenn der Stein ins Rollen kommt …“, in: Archäologie in Deutschland. Das Magazin, 6/2003, S. 8–12. Außerdem wichtig: Rainer Kuhn, Ein außerordentliches Grab des 10. Jahrhunderts n. Chr. vom Magdeburger Domplatz, in: Jahresschrift Mitteldeutsche Vorgeschichte 86, 2003, S. 199–212; Brigitta Kunz, Archäologische Ausgrabungen am Magdeburger Domplatz im Bereich des Breiten Weges 5–7, in: Archäologie in Sachsen-Anhalt, 2002, S. 201–204; Babette Ludowici, Ein neu entdeckter mittelalterlicher Kirchenbau in Magdeburg? Zweiter Bericht zum Stand der Auswertung der Grabungen von 1959–1968 auf dem Magdeburger Domplatz, in: Archäologisches Korrespondenzblatt 32, 2002, S. 281–293; R. Kuhn/ B. Kunz/T. Weber, Magdeburg im 10. Jahrhundert: Neue Ergebnisse der Archäologie, in: Joachim Henning (Hg.), Europa im 10. Jahrhundert. Archäologie einer Aufbruchzeit, Mainz 2002, S. 35–47; Babette Ludowici, Die Pfalz Ottos des Großen in Magdeburg, in: Matthias Puhle (Hg.), Otto der Große, Magdeburg und Europa, 2 Bde., Mainz 2001, Bd. 1, S. 391–402.

14 Ludowici, Die Pfalz Ottos des Großen, S. 401.

15 Vgl. Walter Schlesinger, Zur Geschichte der Magdeburger Königspfalz, S. 9–43, in: Beiträge zur Geschichte des Erzbistums Magdeburg (Beiträge zur Geschichte des Erzbistums Magdeburg Bd. 11), hg. v. Franz Schrader, Leipzig 1968.

16 Ebd., S. 20 f.

17 Vgl. Gerd Althoff/Hagen Keller, Heinrich I. und Otto der Große. Neubeginn auf karolingischem Erbe, 2 Bde., Göttingen/Zürich 1985, Bd. 1, S. 10.

18 Vgl. ebd., S. 105 f.; Beumann, Die Ottonen, S. 42.

19 Vgl. ebd.

20 „Durch seine Bündnisse und Absprachen mit dem Adel des ostfränkischen Reiches hatte Heinrich I. einen Rahmen abgesteckt, den er dynastisch festigte. Die berühmte ‚Hausordnung' von 929 sollte die liudolfingische Herrschaft über den Tod des regierenden Königs hinaus sichern und sah als unerhörte Neuerung die Individualsukzession vor. Außerdem setzte diese Ordnung die Königsfamilie zur Integration des Reiches ein, unterwarf sie damit einer Zerreißprobe und bereitete die Regierung Ottos I. in wesentlichen Zügen vor." Joachim Ehlers, Die Entstehung des Deutschen Reiches (Enzyklopädie Deutscher Geschichte Bd. 31) München 1994, S. 19.

21 Ebd., S. 42.

22 Althoff/Keller, Heinrich I. und Otto der Große, Bd. 1, S. 108.

23 Thietmar von Merseburg, Chronik, erläutert von Werner Trillmich (= Ausgewählte Quellen zur deutschen Geschichte des Mittelalters. Freiherr vom Stein-Gedächtnisausgabe, Bd. 9) , Darmstadt ^{8}2002, S. 36.

24 Vgl. Claude, Geschichte des Erzbistums, Bd. 1, S. 17 ff.

25 Ebd., S. 20.

26 Vgl. Schmid, Die Thronfolge, S. 131.

27 Vgl. Claude, Geschichte des Erzbistums, Bd. 1, S. 23.

28 Vgl. ebd., S. 21 f.

29 Vgl. Wolfgang Giese, Der Stamm der Sachsen und das Reich in ottonischer und salischer Zeit, Wiesbaden 1979, S. 102 f., Anm. 282.

30 Vgl. ebd., S. 102.

31 Vgl. Claude, Geschichte des Erzbistums, Bd. 1, S. 26 f.

32 Vgl. Adolf Hofmeister, Die heilige Lanze – ein Abzeichen des alten Reichs (Untersuchungen zur Deutschen Staats- und Rechtsgeschichte, 96. Heft), Breslau 1908, S. 7 ff. Der einzige Chronist, der über den Erwerb der Heiligen Lanze durch Heinrich I. berichtet, ist Liutprand von Cremona in seiner Antapodosis, vgl. ebd., S. 5 f.

33 Vgl. ebd., S. 16.

34 Vgl. ebd., S. 18 ff.

35 Vgl. Claude, Geschichte des Erzbistums, Bd. 1, S. 27; Helmut Beumann, Das Kaisertum Ottos d. Großen. Ein Rückblick nach tausend Jahren, S. 529–573, in: HZ 195, 1962, S. 558.

36 Claude, Geschichte des Erzbistums, Bd. 1, S. 29.

37 Vgl. ebd., S. 30.

38 Vgl. Helmut Beumann, Widukind von Korvei, Untersuchungen zur Geschichtsschreibung und Ideengeschichte des 10. Jahrhunderts, Weimar 1950, S. 258.

39 Vgl. Claude, Geschichte des Erzbistums, Bd. 1, S. 31.

40 Vgl. ebd., S. 32.

41 Vgl. ebd. und Josef Fleckenstein, Die Hofkapelle der deutschen Könige, II. Teil: Die Hofkapelle im Rahmen der ottonisch-salischen Reichskirche, Stuttgart 1966, S. 37 f., 129.

42 Vgl. ebd., S. 37. Zum Begriff des „Magdeburger Diktates" vgl. K.-U. Jäschke, Königskanzlei und imperiales Königstum im 10. Jahrhundert, Historisches Jb. 84, 1964, S. 298, Anm. 59.

43 Claude, Geschichte des Erzbistums, Bd. 1, S. 33.

44 Die unterschiedliche Bewertung der Forschung ebd., S. 33 ff.

45 Thietmar von Merseburg, Chronik, S. 44 f.

46 Übersetzung von Werner Trillmich, in: ebd., S. 45, 47.

47 Vgl. Claude, Geschichte des Erzbistums, Bd. 2, S. 291.

48 Thietmar von Merseburg, Chronik, S. 418.

49 Vgl. Claude, Geschichte des Erzbistums, Bd. 2, S. 291.

50 Eine beim Annalista Saxo genannte Gründungsurkunde für das Kloster Berge vom 12. April 965 hat sich als Fälschung herausgestellt, vgl. ebd.

51 Vgl. ebd., S. 292.

52 Ebd.

53 Urkundenbuch Erzstift Magdeburg (im Folgenden UB Erzstift MD), Bd. 1, Nr. 1, bearb. V. Friedrich Israel/Walter Möllenberg, Magdeburg 1937, S. 1 f.

54 Vgl. Schlesinger, Magdeburger Königspfalz, S. 12.

55 Vgl. Ferdinand Albert Wolter, Die staatsrechtliche Stellung Magdeburgs und die öffentlich-rechtlichen Beziehungen zwischen der Altstadt, dem Neuen Markt und den Vorstädten, vom geschichtlichen Beginne der Stadt bis zu ihrem Übergang an das Haus Hohenzollern, Halle 1893, S. 11 ff.

56 Vgl. Ernst Nickel, Die Erforschung Magdeburgs als Beispiel des Zusammenwirkens von Archäologie und der nur auf schriftlicher Überlieferung beruhenden Geschichtsforschung, S. 75–83, in: Probleme des frühen Mittelalters in archäologischer und historischer Sicht, hg. v. Heinz A. Knorr, Berlin 1966, S. 75.

57 Annales Magdeburgenses, in: Monumenta Germaniae Historica (im Folgenden: MGH), Scriptores, Tom. 16, hg. v. Georg Heinrich Pertz, Hannover 1859, S. 105–196, hier S. 143.

58 H.-J. Mrusek vertritt die Meinung, dass die Domburg erst nach 937 unter Otto d. Großen diese Ausdehnung erfahren hat, vgl. Hans-Joachim Mrusek, Zur städtebaulichen Entwicklung Magdeburgs im hohen Mittelalter, Magdeburger Schriftensammlung. Magdeburg 1958, S. 13 f.

59 Vgl. ebd., S. 5.

60 Ebd., S. 13.

61 Vgl. Berent Schwineköper, Die Anfänge Magdeburgs, in: Studien zu den Anfängen des europäischen Städtewesens (= Vorträge und Forschungen 4, hg. v. Th. Mayer), Lindau/Konstanz 1958, S. 389–450, hier S. 414.

62 Vgl. ebd., S. 433 ff.

63 Thietmar von Merseburg, Chronik, S. 310.

64 Vgl. Robert Holtzmann, Die Chronik des Thietmar von Merseburg, Geschichte d. deutschen Vorzeit 39, Leipzig 1939, S. 241, Anm. 2, und Schwineköper, Die Anfänge Magdeburgs, S. 433 ff.

65 Vgl. Ernst Nickel, Magdeburg in karolingisch-ottonischer Zeit, in: Zeitschrift für Archäologie, 7/1973, S. 102–142, hier S. 125.

66 Zu den Schenkungen Ottos I. an das Moritzkloster vgl. Claude, Geschichte des Erzbistums, Bd. 1, S. 47 ff.

67 UB Erzstift MD, Bd. 1, Nr. 2, S. 4 f.

68 Claude, Geschichte des Erzbistums, Bd. 1, S. 45.

69 UB Erzstift MD, Bd. 1, Nr. 9, S. 14.

70 Vgl. Claude, Geschichte des Erzbistums, Bd. 1, S. 46; Vera Jammer, Die Anfänge der Münzprägung im Herzogtum Sachsen, Hamburg 1952, S. 65.

71 UB Erzstift MD, Bd. 1, Nr. 38, S. 54 f., und Nr. 39, S. 56.

72 Ebd., Nr. 74 S. 105.

73 Vgl. Claude, Geschichte des Erzbistums, Bd. 1, S. 46.

74 Vgl. Anton Hagedorn, Verfassungsgeschichte der Stadt Magdeburg bis zum Ausgang des 13. Jahrhunderts. Ein Beitrag zur Geschichte des deutschen Städtewesens, in: Geschichtsblätter für Stadt und Land Magdeburg (im Folgenden Mgbll), 17. Jg., 1882, Kap. 2: S. 1–33, und Kap. 3: S. 292–329.

75 UB Erzstift MD, Bd. 1, Nr. 5, S. 9, und Nr. 13, S. 18.

76 Vgl. Nickel, Erforschung Magdeburgs, S. 78 f.

77 Vgl. Hagedorn, Verfassungsgeschichte der Stadt Magdeburg, S. 407.

78 Ebd., S. 407, Anm. 3.

79 Vgl. Erich Liesegang, Zur Verfassungsgeschichte von Magdeburg und Salzwedel, in: Forschungen zur Brandenburgischen und Preußischen Geschichte, Bd. 3, 1890, S. 1–69, hier S. 6 ff.

80 Theodor Goerlitz, Die Anfänge der Schöffen, Bürgermeister und Ratmannen in Magdeburg, S. 70–85, in: ZRG 65 1947, Germ. Abt., S. 71.

81 Vgl. Heinrich von Loesch, Die Grundlagen der ältesten Kölner Gemeindeverfassung, S. 89–207, in: ZRG 53 1933 Germ. Abt., S. 206.

82 Vgl. Goerlitz, Anfänge der Schöffen, S. 70 f.

83 UB Erzstift MD, Bd. 1, Nr. 39, S. 56.

84 Ebd., Nr. 38, S. 54 f.

85 „Das Wort ‚Stadt' wird hier für eine Siedlung verwendet, welche die beiden entscheidenden Bestandteile Burg und Kaufleutesiedlung umfaßt. Die Rechtsgeschichte behielt sich das Wort für die Bürgerstadt des Hochmittelalters mit ihrem eignen Stadtrecht vor. Für sie gehört die ottonische ‚Stadt' zur vorstädtischen oder stadtherrlichen Periode. Es fehlt aber ein eigenes Wort für die getrennte Siedlungsform von Burg und Wik, welche sich der Funktion nach kaum von der späteren Stadt unterscheidet. Es wurde deshalb vorgezogen, das Wort ‚Stadt' auch auf die Vorstufe der hochmittelalterlichen Bürgerstadt auszudehnen, wie dies auch in der jüngsten historischen Forschung immer häufiger geschieht." Erich Herzog, Die ottonische Stadt. Die Anfänge der mittelalterlichen Stadtbaukunst in Deutschland, Berlin 1964, S. 11. Vgl. auch Kurt Junghans, Die Deutsche Stadt im Frühfeudalismus, Berlin 1959.

86 UB Erzstift MD, Bd. 1, Nr. 38, S. 55.

87 Vgl. Herzog, Die ottonische Stadt, S. 17.

88 Vgl. Claude, Geschichte des Erzbistums, Bd. 1, S. 63 ff.; Bernd Schneidmüller, Die Gründung des Erzbistums Magdeburg, in: Magdeburg 1200, hg. Von Matthias Puhle, Stuttgart 2005, S. 52.

89 Widukinds Sachsengeschichte, neu bearb. v. Albert Bauer/Reinhold Rau (= Ausgewählte Quellen zur deutschen Geschichte des Mittelalters. Freiherr vom Stein-Gedächtnisaus-

gabe, Bd. 8), Darmstadt [2]1977, S. 158. Zur Kaiserakklamation Ottos vgl. Beumann, Widukind von Korvei, S. 228 ff.

90 UB Erzstift MD, Bd. 1, Nr. 52 S. 73 f.

91 Ebd., Nr. 59, S. 81 f., und Nr. 60, S. 83.

92 Ebd., Nr. 62, S. 88 ff.

93 Ebd., Nr. 67, S. 97 f.

94 Vgl. Hagedorn, Verfassungsgeschichte der Stadt Magdeburg, T. 1, S. 397.

95 UB Stadt Magdeburg (im Folgenden UB Stadt MD), 3 Bde., bearb. v. Gustav Hertel, Halle 1892–1896, Bd. 1, Nr. 14, S. 8 f.

96 UB Erzstift MD, Bd. 1, Nr. 85, S. 123 f., Nr. 88, S. 127 f., Nr. 100, S. 144.

97 Vgl. Hagedorn, Verfassungsgeschichte der Stadt Magdeburg, T. 1, S. 398.

98 Ebd., S. 398 f.

II. Die Wurzeln städtischer Entwicklung

1 UB Stadt MD, Bd. 1, Nr. 15, S. 9 f.

2 Knut Schulz, „Denn sie lieben die Freiheit so sehr …“ Kommunale Aufstände und Entstehung des europäischen Bürgertums im Hochmittelalter, Darmstadt 1992, S. 6.

3 Vgl. ebd., S. 7 Die Ausführungen über die Verbreitung der Kommunebildung in Europa folgen den Ausführungen ebd., S. 7 ff.

4 Vgl. ebd.

5 Vgl. ebd., S. 8.

6 Ebd., S. 11.

7 Susan Reynolds, Kingdoms and Communities in Western Europe 900–1300, Oxford/New York/Toronto 1984, S. 155 Zitiert nach Schulz, Freiheit, S. 14.

8 Ebd.

9 Vgl. ebd., S. 15.

10 Zur frühstädtischen Entwicklung allgemein vgl. etwa Siegfried Rietschel, Markt und Stadt in ihrem rechtlichen Verhältnis. Ein Beitrag zur Geschichte der deutschen Stadtverfassung, Leipzig 1897; Franz Beyerle, Zur Typenfrage in der Stadtverfassung, in: ZRG Germ. Abt. 50/1930, S. 1–119; Gerhard Köbler, Zur Entstehung des mittelalterlichen Stadtrechtes, in: ZRG Germ. Abt. 86/1969, S. 177–198; Wolfgang Metz, Marktrechtfamilie und Kaufmannsfriede in ottonisch-salischer Zeit, in: Bl. f. dt. Landesgeschichte 108/1972, S. 28–55; Berent Schwineköper, Königtum und Städte bis zum Ende des Investiturstreits. Die Politik der Ottonen und Salier gegenüber den werdenden Städten im östlichen Sachsen und in Nordthüringen (= Vorträge und Forschungen, Sonderband 11), Sigmaringen 1977.

11 Rietschel, Markt und Stadt, S. 54.

12 Vgl. ebd. S. 55 f.

13 Vgl. ebd., S. 56.

14 Vgl. Hagedorn, Verfassungsgeschichte der Stadt Magdeburg, T. 1, S. 402 ff.

15 Vgl. ebd., S. 403.

16 Regesta arch. Magd., 1. Teil, Nr. 322, S. 142; UB Erzstift MD, T. 1, Nr. 88, S. 127 f.

17 Vgl. Rietschel, Markt und Stadt, S. 55 f.

18 Hagedorn, Verfassungsgeschichte der Stadt Magdeburg, T. 1, S. 405.

19 Vgl. ebd.
20 Ebd., S. 405 f.
21 UB Stadt MD, Bd. 1, Nr. 14, S. 8 f.
22 Vgl. Hagedorn, Verfassungsgeschichte der Stadt Magdeburg, T. 1, S. 407.
23 Ebd.
24 Thietmar von Merseburg, Chronik, S. 738).
25 UB Stadt MD, Bd. 1, Nr. 13, S. 7 f.
26 Zur Frage von zentralen und dezentralen Orten bei der Herrschaftsausübung Ottos I. vgl. Eckhard Müller-Mertens, Die Reichsstruktur im Spiegel der Herrschaftspraxis Ottos des Großen, Berlin 1980, S. 92 ff. Vgl. auch ders., Das Zeitalter der Ottonen, Berlin 1955, S. 110 ff. „Magdeburg darf nicht nur als Missionszentrum angesehen werden, sondern vor allem als neue Hochburg der königlichen Macht und als Ausfallstor zum slawischen Osten. Mit der Gründung des Erzbistums Magdeburg schaffte sich Otto einen gewaltigen Pfeiler seiner Königsgewalt, der das Gebäude seiner slawischen Eroberungen mit sich trug. Es diente einmal zur Festigung und Beherrschung seiner elbslawischen Eroberungen, zum anderen aber richtete es sich gegen den sächsischen Adel und den mächtigen Erzbischof von Mainz." Vgl. ebd., S. 111.
27 Zum Aufstand der Elbslawen vgl. Müller-Mertens, Das Zeitalter, S. 135 f.
28 UB Stadt MD, Bd. 1, Nr. 19, S. 12. „Kaiser Konrad II. sichert denen, welche den Markt in Magdeburg besuchen, freies Geleit zu, doch sollen die Vergehen, welche von den vom Markt Zurückkehrenden begangen werden, von den betreffenden Landesfürsten gerichtet werden", 15. September 1035. Vgl. dazu auch Ernst Ilgenstein, Handels- und Gewerbegeschichte der Stadt Magdeburg im Mittelalter bis zum Beginn der Zunftherrschaft (1330), S. 1–77, in: Mgbll, 43. Jg., 1908, S. 12.
29 UB Stadt MD, Bd. 1, Nr. 21, S. 13.
30 Vgl. Claude, Geschichte des Erzbistums, Bd. 1, S. 232 f.
31 Ebd., S. 233.
32 Vgl. ebd., S. 234.
33 Vgl. Wolter, Geschichte, S. 15; Matthias Puhle zur Gründung des Marienklosters Unser Lieben Frauen, S. 37–42, in: Renate Hagedorn/Matthias Puhle (Hg.), Kloster Unser Lieben Frauen Magdeburg, Stift, Pädagogium, Museum, Oschersleben 1995, S. 37 f.; Maximilian Modde, Unser Lieben Frauen Kloster in Magdeburg, Magdeburg 1911, S. 2.
34 UB Erzstift MD, T. 1, Nr. 138, S. 196 f.
35 Vgl. Gudrun Gleba, Die Gemeinde als alternatives Ordnungsmodell. Zur sozialen und politischen Differenzierung des Gemeindebegriffs in den innerstädtischen Auseinandersetzungen des 14. und 15. Jahrhunderts. Mainz, Magdeburg, München, Lübeck, Köln/Wien 1989, S. 94.

III. Der Aufstand gegen Erzbischof Norbert 1129

1 Zu Norbert von Xanten vgl. Ludger Horstkötter, Norbert von Xanten († 1134), erst Ordensmann, dann Erzbischof von Magdeburg, S. 43–50, in: Hagedorn/Puhle, Kloster Unser Lieben Frauen, Dietmar Salewsky, Norbert von Xanten/Magdeburg – eine vielschichtige Persönlichkeit des Mittelalters, S. 29–42, in: Prémontré des Ostens. Das Kloster Unser Lieben Frauen

Magdeburg vom 11. bis 17. Jahrhundert, hg. v. Renate Hagedorn/Matthias Puhle, Oschersleben 1996. – Zur Person Norberts existieren zwei Lebensbeschreibungen, die so genannten Vita A und Vita B. Die Vita A ist die früher geschriebene, etwa 20 Jahre nach dem Tod Norberts, die spätere Vita B ist „gekennzeichnet durch eine große Anzahl von hinzugefügten Wundern und reichhaltige religiöse Ausschmückungen“, Salewsky, S. 40, Anm. 2.

2 Vgl. Claude, Geschichte des Erzbistums, Bd. 2, S. 2 f.; Gustav Hertel, Norberts Wahl zum Erzbischof von Magdeburg 1126, S. 391–404, in: Mgbll, 10, 1875.

3 Claude, Geschichte des Erzbistums, Bd. 2, S. 3.

4 Vgl. ebd., S. 8.

5 Ebd., S. 9.

6 Vgl. ebd.

7 Vgl. Kap. III., Anm. 1.

8 Übersetzung nach Horstkötter, Norbert von Xanten, S. 43. „NORBERTUS DEI GRATIA, SANCTAE MAGDEBURGENSIS, ECCLESIAE ARCHIEPISCOPUS, ORDINIS PRAEMONSTRATENSIS INSTITUTOR ET HUIUS MONASTERII RESTAURATOR SUB HOC CONDITUR MARMORE OBIIT AN(N)O D(OMI)NI MCXXXIIII. VI IUNII“. So lautet der lateinische Originaltext auf der Platte.

9 Die Magdeburger Schöppenchronik, in: Die Chronik der deutschen Städte, Bd. 1: Magdeburg, hg. von Karl Janicke, Leipzig 1869, S. 112.

10 UB Erzstift MD, Bd. 1, Nr. 1129, S. 270 f.

11 Vgl. Johannes Bauermann, Erzbischof Norbert von Magdeburg, S. 1–25, in: Sachsen und Anhalt, Bd. 11, 1935, S. 13, Anm. 38.

12 Vgl. Lebensbeschreibungen einiger Bischöfe des 10.–12. Jahrhunderts, übersetzt v. Hatto Kallfelz (= Freiherr vom Stein-Gedächtnisausgabe, Bd. 22), Darmstadt 1973, S. 448.

13 Vgl. ebd., S. 523 ff.

14 Ebd., S. 523.

15 Ebd., S. 525.

16 Ebd., S. 527.

17 Wie oben erwähnt, berichtet die Schöppenchronik davon, dass es sich bei diesen beiden Geistlichen um die Bischöfe von Meißen und Havelberg handelte.

18 Im Originaltext „hunc plebium tumultum“, vgl. Lebensbeschreibungen einiger Bischöfe, S. 528.

19 Vgl. ebd., S. 529.

20 Ebd., S. 531.

21 Ebd., S. 531 f. Unter der Abtei „Sankt Johann Baptist“ hat man das Kloster Berge bei Magdeburg zu verstehen.

22 Es kommt neben dem Kloster Neuwerk das Stift Petersberg infrage, vgl. Wilfried Marcel Grauwen, Norbert, Erzbischof von Magdeburg (1126–1134), Duisburg [2]1986, S. 237.

23 Lebensbeschreibungen einiger Bischöfe, S. 533.

24 Vgl. Grauwen, Norbert, S. 213; für die Annahme, die Norbertviten hätten die beiden Mordversuche erfunden, „gibt es nicht genügend Anhaltspunkte“, vgl. ebd.

25 Vgl. ebd.

26 Berent Schwineköper, Norbert von Xanten als Erzbischof von Magdeburg, S. 189–209, in: Norbert von Xanten. Adliger, Ordenstifter, Kirchenfürst, hg. v. Kaspar Elm, Köln 1984, S. 191 ff.

27 Vgl. Horstkötter, Norbert von Xanten, S. 46.
28 Ebd.
29 Vgl. Claude, Geschichte des Erzbistums, Bd. 2, S. 348.
30 Vgl. ebd.
31 Vgl. Stefan Weinfurter, Norbert von Xanten – Ordensstifter und „Eigenkirchenherr", S. 66–98, in: Archiv für Kulturgeschichte, 59. Bd., 1977, S. 94 f.
32 Vgl. Grauwen, Norbert, S. 220.
33 Vgl. Claude, Geschichte des Erzbistums, Bd. 2, S. 348.
34 Grauwen, Norbert, S. 221 f.
35 Bauermann, Erzbischof Norbert, S. 14.
36 Claude, Geschichte des Erzbistums, Bd. 2, S. 13.
37 Vgl. Bauermann, Erzbischof Norbert, S. 14.
38 Vgl. ebd.
39 Evamaria Engel, Die deutsche Stadt des Mittelalters, München 1993, S. 49.
40 Rudolf Schranil, Stadtverfassung nach Magdeburger Recht. Magdeburg und Halle, Breslau 1915, S. 189.
41 Erika Uitz, Der Kampf um kommunale Autonomie in Magdeburg bis zur Stadtverfassung von 1330, S. 288–323, in: Stadt und Städtebürgertum in der deutschen Geschichte des 13. Jahrhunderts, hg. v. Bernhard Töpfer, Berlin 1976, S. 290.
42 Hans Planitz, Die deutsche Stadt im Mittelalter. Von der Römerzeit bis zu den Zunftkämpfen, Wiesbaden 1995 (Neudruck der 5. Auflage), S. 110.
43 Vgl. Uitz, Der Kampf, S. 292.
44 Ebd., S. 294.
45 MGH SS XII, S. 699.
46 Vgl. Burchard Scheper, Frühe bürgerliche Institutionen norddeutscher Hansestädte. Beiträge zu einer vergleichenden Verfassungsgeschichte Lübecks, Bremens, Lüneburgs und Hamburgs im Mittelalter, Köln/Wien 1975.
47 Vgl. Edith Ennen, Erzbischof und Stadtgemeinde in Köln bis zur Schlacht von Worringen (1288), in: Bischofs- und Kathedralstädte des Mittelalters und der frühen Neuzeit, hg. von Franz Petri, Städteforschung, hg. von Heinz Stoob, Köln/Wien 1976, S. 27–46; Ferdinand Opll, Stadt und Reich im 12. Jahrhundert (1125–1190), Wien/Köln/Graz 1986, S. 94 f.; Schulz, Freiheit, S. 78 ff.; Hans Planitz, Forschungen zur Stadtverfassungsgeschichte 3, S. 1–85, S. 18 ff.; ders., Die deutsche Stadt, S. 114; Engel, Die deutsche Stadt, S. 39.
48 Vgl. Schulz, Freiheit, S. 78 ff.
49 Vgl. ebd., S. 79.
50 Vgl. ebd., S. 81.
51 Vgl. Engel, Die deutsche Stadt, S. 39.
52 Vgl. Schulz, Freiheit, S. 82.
53 Ebd., S. 80.
54 Ennen, Erzbischof und Stadtgemeinde, S. 36.
55 Ebd.
56 Vgl. ebd.
57 Vgl. Schulz, Freiheit, S. 83; vgl. Planitz, Die deutsche Stadtgemeinde, S. 22.
58 Vgl. Ennen, Erzbischof und Stadtgemeinde, S. 36.
59 Ebd.

60 Schulz, Freiheit, S. 85.
61 Ebd.
62 Vgl. dazu Ennen, Erzbischof und Stadtgemeinde, S. 36 ff.; Schulz, Freiheit, S. 85; Opll, Stadt und Reich, S. 95 f.
63 Schulz, Freiheit, S. 85.
64 Ebd.
65 Vgl. Planitz, Die deutsche Stadtgemeinde, S. 35.
66 Ebd.; vgl. auch Rietschel, Markt und Stadt, S. 70 ff.
67 Vgl. Engel, Die deutsche Stadt, S. 49.
68 Bauermann, Erzbischof Norbert, S. 14.

IV. Erhebung Magdeburgs zur Stadt unter Erzbischof Wichmann

1 Vgl. allgemein Erzbischof Wichmann (1152–1192) und Magdeburg im Hohen Mittelalter. Stadt – Erzbistum – Reich, Katalog zur Ausstellung, hg. v. Matthias Puhle, Magdeburg 1992. Wichmann kam 1152 durch Friedrich Barbarossa in sein Magdeburger Amt. Der Papst erkannte Wichmanns Erhebung zum Magdeburger Erzbischof erst 1154 an.
2 Vgl. Rolf Lieberwirth, Magdeburger Recht, S. 114–117, in: Hanse – Städte – Bünde. Die sächsischen Städte zwischen Elbe und Weser um 1500, Katalog zur Ausstellung, Bd. 1, hg. v. Matthias Puhle, Magdeburg 1996, S. 116; ders., Das Privileg des Erzbischofs Wichmann und das Magdeburger Recht (Sitzungsberichte der Sächsischen Akademie der Wissenschaften zu Leipzig, Philologisch-historische Klasse 130, Heft 3), Berlin 1990; Friedrich Ebel, Magdeburger Recht, S. 42–55, in: Erzbischof Wichmann (1152–1192) und Magdeburg, S. 44 f., Weiterführende Literatur ebd., S. 52 f., Anm. 2.
3 Matthias Springer, Erzbischof Wichmann von Magdeburg – ein geistlicher Fürst der Stauferzeit, S. 2–19, in: Erzbischof Wichmann (1152–1192) und Magdeburg, S. 15.
4 Vgl. Lieberwirth, Das Privileg, S. 3.
5 Vgl. ebd.
6 Vgl. ebd., S. 4.
7 Gerhard Köbler, Zur Entstehung des mittelalterlichen Stadtrechts, S. 177–198, in: ZRG 86/1969, Germ. Abt., S. 177.
8 Vgl. Schranil, Stadtverfassung, S. 189; Anton Hagedorn, Verfassungsgeschichte der Stadt Magdeburg bis zum Ausgang des 13. Jahrhunderts, 2. Kap., S. 1–33, in: Mgbll, 17 Jg. 1882, S. 1.
9 Vgl. ebd., S. 1.
10 Vgl. Rietschel, Markt und Stadt, S. 75; Urkundenbuch der Stadt Quedlinburg (im Folgenden: UB Stadt Quedlinburg), 2 Bde., bearb. v. Karl Janicke, Halle 1873–1882 Bd. 1, Nr. 7, S. 6.
11 Die Datierung ist unsicher, die Urkunde könnte auch 1042 ausgestellt worden sein, ebd., Nr. 9, S. 8.
12 Ebd.
13 Ebd.
14 Vgl. Rietschel, Markt und Stadt, S. 75 f.
15 Ebd., S. 76.
16 UB Stadt Quedlinburg I, Nr. 42, S. 33; vgl. Rietschel, Markt und Stadt, S. 76, Anm. 1.

17 Vgl. ebd., S. 57 f.
18 Ebd., S. 58.
19 Vgl. Opll, Stadt und Reich, S. 134.
20 Ebd.
21 UB Stadt Quedlinburg I, Nr. 10, S. 9.
22 Ebd.
23 Vgl. Lieberwirth, Das Privileg, S. 6.
24 Vgl. ebd.
25 Regesta Archiepiscopatus Magdeburgensis, Sammlung von Auszügen aus Urkunden und Analisten zur Geschichte des Erzstifts und Herzogthums Magdeburg, hg. v. Georg Adalbert von Mülverstedt, 1. Teil, Magdeburg 1876, Nr. 385, S. 989; vgl. Lieberwirth, Das Privileg, S. 11.
26 Vgl. dazu ebd., S. 6.
27 Ebd., S. 12 f.
28 Vgl. Uitz, Der Kampf, S. 298; Willy Hoppe, Erzbischof Wichmann von Magdeburg, S. 134–294, in: Mgbll, 43 1908, S. 154 ff.
29 UB Stadt MD, Nr. 41, S. 20.
30 Vgl. Claude, Geschichte des Erzbistums, Bd. 2, S. 135.
31 Vgl. Arthur Suhle, Das Münzwesen Magdeburgs unter Erzbischof Wichmann 1152–1192, Magdeburg 1950.
32 UB Stadt MD, Bd. 1, Nr. 380, S. 499.
33 Vgl. Suhle, Münzwesen, S. 5; Matthias Puhle, Zur Münzpolitik Erzbischof Wichmanns, S. 74–80, in: Erzbischof Wichmann (1152–1192) und Magdeburg, S. 75.
34 Vgl. Hoppe, Erzbischof Wichmann, S. 259 f.
35 Vgl. Claude, Geschichte des Erzbistums, Bd. 2, S. 261.
36 Vgl. ebd.
37 Vgl. ebd., S. 262; UB Stadt MD, Bd. 1, Nr. 31, S. 17.
38 Vgl. Ilgenstein, Handels- und Gewerbegeschichte, S. 17.
39 Vgl. ebd., S. 15 ff.
40 Vgl. ebd., S. 15 f.
41 Vgl. ebd., S. 20.
42 Vgl. ebd., S. 22; UB Stadt MD, Bd. 1, Nr. 46, S. 22.
43 Ebd., Nr. 49, S. 24 f.
44 Vgl. Ilgenstein, Handels- und Gewerbegeschichte, S. 23.
45 UB Stadt MD, Bd. 1, Nr. 82a, S. 491 f.
46 Ebd., Nr. 49, S. 24 f.
47 Vgl. Hoppe, Erzbischof Wichmann, S. 157 f.
48 UB Stadt MD, Bd. 1, Nr. 55, S. 27 f.
49 Schöppenchronik, S. 118.
50 Wolter, Geschichte, S. 23.
51 Vgl. Schranil, Stadtverfassung, S. 229. Zu den folgenden Seiten vgl. ebd., S. 229 f.
52 UB Stadt MD, Bd. 1, Nr. 154, S. 83 f.
53 Wolter, Geschichte, S. 24.
54 UB Stadt MD, Bd. 1, Nr. 37, S. 19.
55 Wolter, Geschichte, S. 24.

56 Vgl. Schranil, Stadtverfassung, S. 209.
57 Vgl. Theodor Goerlitz, Die Anfänge der Schöffen, Bürgermeister und Ratmannen in Magdeburg, S. 70–85, in: ZSRG.GA Bd. 65 1947, S. 84.
58 UB Stadt MD, Bd. 1, Nr. 107, S. 56 f.
59 Vgl. Engel, Die deutsche Stadt, S. 59.
60 Vgl. ebd.
61 Ebd., S. 57 f.
62 Vgl. Scheper, Frühe bürgerliche Institutionen, S. 186.
63 Vgl. ebd., S. 184 f.
64 Vgl. Goerlitz, Die Anfänge, S. 82.
65 Vgl. ebd., S. 71.
66 Vgl. ebd., S. 71 f.
67 Ebd., S. 72.
68 Vgl. ebd.
69 UB Stadt MD, Bd. 1, Nr. 36, S. 19.
70 Vgl. Goerlitz, Die Anfänge, S. 73.
71 Vgl. Schranil, Stadtverfassung, S. 205, Anm. 3.
72 Vgl. ebd., S. 205.
73 Vgl. ebd., S. 206.
74 Vgl. ebd.
75 Gert Böttcher, Die topographische Entwicklung von Magdeburg bis zum 12./13. Jahrhundert, S. 80–97, in: Erzbischof Wichmann (1152–1192) und Magdeburg, S. 90; Anton Hagedorn, Verfassungsgeschichte der Stadt Magdeburg bis zum Ausgang des 13. Jahrhunderts. Ein Beitrag zur Geschichte des deutschen Städtewesens, 3. Kap., S. 292–329, in: Mgbll, 17, 1882, S. 293.
76 Vgl. ebd., S. 292.
77 Vgl. Gert Böttcher, Die topographische Entwicklung, S. 88. Die folgenden Ausführungen basieren vor allem auf Böttcher, S. 88 ff.
78 UB Stadt MD, Bd. 1, Nr. 46, S. 22 f.

V. Der Weg zur „vullmechtigen“ Ratsherrschaft (13. Jh.)

1 „vullmechtig“ bedeutet unumschränkt.
2 UB Stadt MD, Bd. 1, Nr. 334, S. 200 ff.
3 Vgl. Uitz, Der Kampf,„ S. 297.
4 Vgl. ebd., S. 297 f.
5 Ebd., S. 300.
6 Vgl. Engel, Die deutsche Stadt, S. 49.
7 Vgl. ebd., S. 48.
8 UB Stadt MD, Bd. 1, Nr. 107, S. 56 ff.
9 Erzbischof Ludolf hat 1197 den Schilderern von Magdeburg das Innungsprivileg verliehen, ebd., Nr. 65, S. 33.
10 Ebd., Nr. 77, S. 38.
11 Vgl. Uitz, Der Kampf, S. 301.

12 Vgl. ebd., S. 302.
13 Vgl. ebd.
14 UB Stadt MD, Bd. 1, Nr. 97, S. 50.
15 Schöppenchronik, S. 149 f.
16 Annales Erphordenses, in: MGH, Scriptores, Tom. 16, hg. von Georg Heinrich Pertz, Hannover 1859, S. 32 f.; weitere Erwähnungen dieser Urkunde tauchen in den Schriftquellen nicht auf.
17 Wolter, Geschichte, S. 31 f.
18 UB Stadt MD, Bd. 1, Nr. 103, S. 54.
19 Vgl. H. Schmidt, Erzbischof Albrecht II. von Magdeburg, S. 105–156, in: Mgbll 16, 1881.
20 Henri Pirenne, Sozial- und Wirtschaftsgeschichte Europas im Mittelalter, München [4]1976, S. 184.
21 Walter Möllenberg, Eike von Repgow und seine Zeit. Recht, Geist und Kultur des deutschen Mittelalters, Burg 1937, S. 64.
22 UB Stadt MD, Bd. 1, Nr. 118, S. 63; Hansisches Urkundenbuch (im Folgenden: HUB), Bd. 1, Nr. 466, S. 167 f.
23 HUB, Bd. 1, Nr. 573, S. 198.
24 Zu den folgenden Ausführungen vgl. Matthias Puhle, Die Politik der Stadt Braunschweig innerhalb des Sächsischen Städtebundes und der Hanse im späten Mittelalter, Braunschweig 1985, S. 14 f.
25 HUB, Bd. 1, Nr. 650, S. 223 f.
26 Vgl. Erich Eschebach, Die Beziehungen der niedersächsischen Städte (zwischen Magdeburg, Hildesheim und Erfurt) zur Deutschen Hanse bis 1477 und 1478, Halle 1901, S. 13. Diese Beurteilung trifft nicht auf die drei genannten Küstenstädte zu.
27 Vgl. Wilfried Ehbrecht, Magdeburg im Sächsischen Städtebund. Zur Erforschung städtischer Politik in Teilräumen der Hanse, in: Festschrift für Berent Schwineköper, hg. v. H. Maurer und Hans Patze, Sigmaringen 1982, S. 391–414, S. 393.
28 Vgl. Walter Stein, Über die ältesten Privilegien der deutschen Hanse in Flandern und die ältere Handelspolitik Lübecks., S. 51–133, in: Hansische Geschichtsblätter (im Folgenden: HGbll) 30, 1902, S. 122 ff.
29 Vgl. ebd., S. 123 ff.
30 Vgl. ebd., S. 124.
31 UB Lübeck 1, Nr. 422, S. 384 f.
32 Ebd., Nr. 411, S. 374 f.
33 UB Halle 1, Nr. 368, S. 337 f.
34 Hanse Rezesse (HR), Bd. 1 Abt. I, Nr. 17, S. 10.
35 HUB, Bd. 1, Nr. 421, S. 137 ff.; zu diesem Privileg vgl. Stein, S. 53 ff.
36 Vgl. Stein, S. 110.
37 HUB, Bd. 1, Anm. 3, S. 392 f.
38 HR, Bd. I, Abt. 1, Nr. 68, §§ 3–5, 8, 21–23; vgl. Ulrich Kleist, Die sächsischen Städtebünde zwischen Weser und Elbe im 13. und 14. Jahrhundert, S. 1–101, in: Zeitschrift Harzverein (im Folgenden: Z Harz V) 25, 1892, S. 10 f.; Eschebach, Die Beziehungen, S. 14 f.
39 G. F. Sartorius/J. M. Lappenburg, Urkundliche Geschichte des Ursprungs der deutschen Hanse, Bd. 2, Hamburg 1830, Nr. 81 S. 179 f. und HUB, Bd. 1, Nr. 1131, S. 390; vgl. Eschebach, Die Beziehungen, S. 14.

40 Vgl. Ehbrecht, Magdeburg im Sächsischen Städtebund, S. 393 ff.
41 Schöppenchronik, S. 168 f.
42 Gleba, Die Gemeinde, S. 95.
43 Vgl. ebd.
44 Schöppenchronik, S. 168 f.
45 Vgl. Schranil, Stadtverfassung, S. 199.
46 Vgl. ebd.
47 UB Stadt MD, Bd. 1, Nr. 154, S. 82 ff.
48 Vgl. Schranil, Stadtverfassung, S. 201; vgl. Gleba, Die Gemeinde, S. 97 f.
49 Vgl. ebd., S. 98.
50 Schranil, Stadtverfassung, S. 202.
51 Vgl. Uitz, Der Kampf, S. 306.
52 Schöppenchronik, S. 171.
53 Ebd., S. 173.
54 Ebd., S. 176.
55 Lichtmeß = 2. Februar.
56 „Die freie Kleidung, welche die Ministerialen jährlich erhielten, war kein unbedeutender Gegenstand in Zeiten, wo feine Tücher weder in Deutschland verfertigt noch ellenweise verkauft wurden“, Schöppenchronik, S. 172 Anm. 4.
57 Peter und Paul = 29. Juni.
58 Übersetzung aus der Schöppenchronik durch E. Uitz, in: Geschichte der Stadt Magdeburg, 1874, S. 53 f.
59 Vgl. Uitz, Der Kampf, S. 310.
60 Gleba, Die Gemeinde, S. 101.
61 Vgl. ebd., S. 102.
62 Schöppenchronik, S. 177 ff.
63 Zusammenfassung der Ereignisse bei Gleba, Die Gemeinde, S. 102 f.
64 Ebd., S. 102.
65 Vgl. Goerlitz, Die Anfänge, S. 79; Ebel, Magdeburger Recht, S. 45.
66 UB Stadt MD, Bd. 1, Nr. 185, S. 98, Nr. 187, S. 100.
67 Vgl. Schranil, Stadtverfassung, S. 155.
68 Vgl. Matthias Puhle, Politik der Stadt Braunschweig, S. 159.
69 Das Schichtbuch von Hermann Bote, gedruckt in: Die Chroniken der deutschen Städte vom 14. bis ins 16. Jahrhundert, Bd. 16, Braunschweig Bd. 2, bearb. v. Ludwig Hänselmann, Leipzig 1880, S. 299.
70 Vgl. Wilfried Ehbrecht, Die Braunschweiger „Schichten“. Zu Stadtkonflikten im Hanseraum, in: Brunswick 1031 – Braunschweig 1981, Folgeband, hg. v. Gerd Spies, Braunschweig 1982, S. 38.
71 Ebd.
72 Vgl. etwa Hans Planitz, der seiner Monographie über die Geschichte der deutschen Städte den Titel gab „Die deutsche Stadt im Mittelalter. Von der Römerzeit bis zu den Zunftkämpfen“ (O: Graz/Köln 1954).
73 Vgl. Karl Czok, Zunftkämpfe, Zunftrevolutionen oder Bürgerkämpfe, S. 129–143, in: Wissenschaftliche Zeitschrift der Karl-Marx-Universität Leipzig, Gesellschafts- und Sprachwissenschaftliche Reihe 8. Jg. 1958/59 Heft 1.

74 Vgl. Olaf Mörke, Der „Konflikt“ als Kategorie städtischer Sozialgeschichte des 16. Jahrhunderts, S. 144–161, in: Beiträge zum spätmittelalterlichen Städtewesen, hg. v. Bernhard Diestelkamp, Köln/Wien 1982.

75 Kurze Auswahlbibliographie: Karl Czok, Zum Braunschweiger Aufstand 1374–1386, S. 34–55, in: Hansische Studien, Berlin 1961; Hans Leo Reimann, Unruhe und Aufstand im mittelalterlichen Braunschweig, Braunschweig 1962, S. 45 ff.; Rhiman Alfred Rotz, Urban uprisings in fourtheenth-century Germany: a comparative study of Brunswick (1374–1380) and Hamburg (1376), phil. Diss. Princeton 1970; Wilfried Ehbrecht, Hanse und mittelalterliche Bürgerkämpfe in Niedersachsen und Westfalen, S. 77–105, in: Nieders. Jb. Bd. 48, 1976.

76 HR, Bd. I, Abt. 2, Nr. 84, S. 95.

77 Der elfköpfige Gilderat des Hagens ist 1294 nach zweimonatigem Prozess auf Geheiß Herzog Albrechts hingerichtet worden.

78 Friedr. Wilh. Hoffmann's Geschichte der Stadt Magdeburg, neu bearb. v. Gustav Hertel und Friedrich Hülße, Magdeburg 1885, Bd. 1, S. 121.

79 MGH SS Bd. 14, Hannover 1883, S. 426. „In Magdeburg wurden die Innungsmeister auf dem Marktplatz wegen ihres begangenen Verrates verbrannt.“

80 Vgl. Wilfried Ehbrecht, Stadtkonflikte um 1300. Überlegungen zu einer Typologie, S. 11–26, in: Schicht – Protest – Revolution in Braunschweig 1292 bis 1947/48, hg. v. Birgit Pollmann, Braunschweig 1995, S. 20.

81 Ebd., S. 20 f.

VI. Vom Bischofsmord 1325 bis zum Vertrag von 1497

1 UB Stadt MD, Bd. 1, Nr. 180, S. 95; vgl. Uitz, Der Kampf, S. 309.

2 Vgl. ebd.; UB Stadt MD, Nr. 197, S. 105 f.

3 „Die Herren- oder düstere Pforte ging durch den Thurm in der Domstraße, dessen nördlicher Eingang nach der Domkirche zu jetzt durch das daran gelehnte, mit Nr. 7 bezeichnete Haus dem Blick entzogen, der südliche, dem Hauptwall zugekehrte, aber vermauert, mit einem Strebepfeiler versehen und zum Theil durch die Erderhöhung versteckt ist. Daß die Bezeichnungen ‚Herrenpforte‘, ‚porta dominorum‘, d. h. der Domherren und ‚düstere Pforte‘ vollständig identisch sind, ergiebt sich aus einem im Stadtarchiv zu Magdeburg befindlichen Verzeichnis der Domherrencurien aus dem letzten Drittel des 15. Jahrh. Der volksthümliche Name ‚düstere Pforte‘ verdrängte allmählich den officiellen ‚Herrenpforte‘.“ Schöppenchronik, S. 180, Anm. 1.

4 Vgl. Karl Janicke, Der Streit des Magdeburger Rathes mit den Erzbischöfen um die Herrenpforte und die Thürme im südlichen Stadtteile, S. 68–84, in: Mgbll, Jg. 3, 1868, S. 73.

5 Schöppenchronik, S. 180; vgl. Janicke, Der Streit, S. 71.

6 Vgl. ebd., S. 71.

7 Vgl. ebd., S. 72.

8 Vgl. ebd., S. 75 f.

9 Hoffmann's Geschichte der Stadt Magdeburg, S. 123.

10 Schöppenchronik, S. 180.

11 Vgl. Wolter, Geschichte, S. 46; Hoffmann's Geschichte der Stadt Magdeburg, S. 126.

12 Ebd., S. 126.
13 Uitz, Der Kampf, S. 317.
14 Vgl. ebd., S. 317 f.
15 Vgl. Hoffmann's Geschichte der Stadt Magdeburg, S. 126.
16 UB Stadt MD, Bd. 1, Nr. 251, S. 133 ff.
17 Hoffmann's Geschichte der Stadt Magdeburg, S. 127 f.
18 UB Stadt MD, Bd. 1, S. 135.
19 Vgl. Hoffmann's Geschichte der Stadt Magdeburg, S. 128; Uitz, Der Kampf, S. 319.
20 Vgl. ebd.
21 Ebd.
22 Vgl. Hoffmann's Geschichte der Stadt Magdeburg, S. 129.
23 Vgl. ebd.
24 Vgl. ebd.
25 UB Stadt MD, Bd. 1, Nr. 265, S. 145 ff.
26 Ebd., Nr. 267, S. 148. Aus dieser Urkunde geht hervor, dass Erzbischof Burchard den Dompropst Gebhard, den Kämmerer Siegfried von Anhalt und die Domherren Elyger von Honstein und Bernhard von Ketelitz, „weil sie gemeinschaftliche Sache mit den im Bann befindlichen Bürgern der Stadt Magdeburg gemacht hätten“, exkommuniziert.
27 Schöppenchronik, S. 183 f.
28 Vgl. Hoffmann's Geschichte der Stadt Magdeburg, S. 129 f.
29 UB Stadt MD, Bd. 1, Nr. 269, S. 149 ff.
30 Ebd., Nr. 270, S. 151 ff.
31 Hoffmann's Geschichte der Stadt Magdeburg, S. 132.
32 UB Stadt MD, Bd. 1, Nr. 273, S. 157 ff.
33 Vgl. Pirenne, Sozial- und Wirtschaftsgeschichte, S. 186.
34 Schöppenchronik, S. 185.
35 Hoffmann's Geschichte der Stadt Magdeburg, S. 132.
36 UB Stadt MD, Bd. 1, Nr. 299–301, S. 172 f. Die Verträge zwischen König Ludwig dem Bayern und Magdeburg stehen allerdings im Verdacht, Fälschungen zu sein, vgl. Hoffmann's Geschichte der Stadt Magdeburg, S. 134, Anm. 1.
37 UB Stadt MD, Bd. 1, Nr. 305, S. 174 ff.
38 Ebd., Nr. 273, S. 157 ff, UB Stadt Halberstadt, Bd. 1, hg. v. Gustav Schmidt, Halle 1878, Nr. 357, S. 277 ff.
39 Vgl. Ulrich Kleist, Die sächsischen Städtebünde zwischen Weser und Elbe im 13. und 14. Jahrhundert, S. 1–101, in: Z Harz V 25 1892, S. 14.
40 Ebd., S. 13 f.
41 Vgl. ebd. S. 14.
42 Vgl. Erich Eschebach, Die Beziehungen der niedersächsischen Städte (zwischen Magdeburg, Hildesheim und Erfurt) zur Deutschen Hanse bis 1477 und 1478, Halle 1901, S. 16.
43 Annales Palidenses ad a. 1153, in: MGH, Scriptores, Tom. 16, hg. v. Georg Heinrich Pertz, Hannover 1859, S. 87; Klaus Militzer und Peter Przybilla, Stadtentstehung, Bürgertum und Rat. Halberstadt und Quedlinburg bis zur Mitte des 14. Jahrhunderts, Göttingen 1980, S. 51 f.; Karlotto Bogumil, Das Bistum Halberstadt im 12. Jahrhundert. Studien

zur Reichs- und Reformpolitik des Bischofs Reinhard und zum Wirken der Augustiner-Chorherren, Köln/Wien 1972, S. 237.

44 UB Stadt MD, Bd. 1, Nr. 305, S. 174.

45 Ebd., Nr. 309, S. 179 f.

46 Ebd., Nr. 310, S. 181.

47 Ebd., Nr. 311, S. 181 ff.

48 Vgl. Wolter, Geschichte, S. 49 f.

49 Vgl. Schranil, Stadtverfassung, S. 162 ff.

50 Ebd., S. 162 f.

51 Vgl. Gustav Hertel, Die Ermordung Erzbischofs Burchard III. von Magdeburg, S. 53–72, in: Mgbll, Jg. 22, 1887.

52 Vgl. ebd., S. 53.

53 Vgl. ebd., S. 55 f.

54 Gudrun Wittek, Ein Mord als folgenschwere Störung des Stadtfriedens. Das gewaltsame Ende des Magdeburger Erzbischofs Burchard III. im Jahr 1325, S. 365–403, in: Sachsen und Anhalt. Jahrbuch der Historischen Kommission für Sachsen-Anhalt, Bd. 20, 1997, S. 377.

55 Vgl. ebd.

56 UB Stadt MD, Bd. 1, Nr. 319, S. 187; vgl. Wittek, Ein Mord, S. 379 f.

57 Vgl. ebd., S. 380.

58 Claus-Peter Hasse, Die Stadt Magdeburg von den Anfängen eines städtischen Rates um 1240 bis zur Ermordung Erzbischof Burchards von Schraplau 1325, in: Die Geschichte der Stadt Magdeburg von 805 bis zur Gegenwart, hg. v. Peter Petsch und Matthias Puhle, Magdeburg 2005.

59 Die folgenden Ausführungen entsprechen im Wesentlichen dem Beitrag: Matthias Puhle, Geschichte Magdeburgs von 1330 bis zum Ende des 15. Jahrhunderts, in: Die Geschichte der Stadt Magdeburg von 805.

60 Gudrun Gleba, Die Gemeinde, S. 104.

61 Geschichte der Stadt Magdeburg, hg. v. der Stadt Magdeburg, Berlin [2]1977, S. 61.

62 Johannes Bernhard Menke, Geschichtsschreibung und Politik in deutschen Städten des Spätmittelalters (Die Entstehung deutscher Geschichtsprosa in Köln, Braunschweig, Lübeck, Mainz und Magdeburg), Sonderdruck aus den 33. und 34./35. Jahrbuch des Kölnischen Geschichtsvereins (1958 bzw. 1959/60), Köln.

63 Geschichte der Stadt Magdeburg, S. 66.

64 Pomarius, Chronik, S. 58.

65 Vgl. Matthias Springer, Magdeburg im Mittelalter, S. 73–103, in: Magdeburg. Portrait einer Stadt, Halle 2000, S. 96 f.

66 UB Stadt MD, Bd. 1, Nr. 334, S. 200 ff.

67 Erika Uitz, Der Kampf um kommunale Autonomie in Magdeburg, in: Stadt und Stadtbürgertum in der deutschen Geschichte des 13. Jahrhunderts, hg. v. Bernhard Töpfer, Berlin 1976, S. 288–323, S. 322 f.

68 Vgl. Gleba, Die Gemeinde, S. 106.

69 Vgl. ebd., S. 107.

70 Vgl. Klaus Bergdolt, Der Schwarze Tod in Europa. Die Große Pest und das Ende des Mittelalters, München 1994; in einer neuen Studie wird bezweifelt, dass die Bevölkerungs-

verluste wirklich, wie von dem größten Teil der Forschung angenommen, 30–40 Prozent erreichten. Vgl. Manfred Vasold, Die Pest. Ende eines Mythos, Stuttgart 2003, S. 122 f.
71 Pomarius, Chronik, S. 60.
72 HUB, Bd. 3, Nr. 203, S. 97 f.
73 UB Stadt MD, Bd. 1, Nr. 435, S. 273 ff.
74 Vgl. Ehbrecht, Magdeburg im Sächsischen Städtebund, S. 403 f.
75 Vgl. Matthias Puhle, Politik der Stadt Braunschweig, S. 28 ff.
76 Vgl. ebd., S. 34 ff.
77 HUB, Bd. 4, Nr. 872, S. 366, und HUB, Bd. 5, Nr. 251, S. 133 f.
78 Vgl. Gleba, Die Gemeinde, S. 108 ff.; Wilfried Ehbrecht, Hanse und spätmittelalterliche Bürgerkämpfe, S. 77–105, in: Niedersächsisches Jahrbuch Bd. 48 1976, S. 82 ff.; ders., Stadtkonflikte im östlichen Altsachsen, S. 25–56, in: Politische, soziale und kulturelle Konflikte in der Geschichte von Sachsen-Anhalt (= Studien zur Landesgeschichte Bd. 1, hg. v. W. Freitag, K. E. Pollmann, M. Puhle), Halle 1999, S. 49.
79 Vgl. Gleba, Die Gemeinde, S. 104.
80 Vgl. Ehbrecht, Hanse, S. 82.
81 Vgl. Ehbrecht, Stadtkonflikte, S. 50.
82 Vgl. Ferdinand Albert Wolter, Geschichte der Stadt Magdeburg von ihrem Ursprung bis auf die Gegenwart, Magdeburg 1901, S. 62.
83 Vgl. Matthias Springer, Städte im Krieg. Der Kampf Magdeburgs und seiner Verbündeten gegen den Erzbischof Günther in den Jahren 1431 bis 1435, S. 191–199, in: Hanse-Städte-Bünde, Ausstellungskatalog, Magdeburg 1996, S. 191.
84 Zu Ursache und Anlass der Fehde vgl. Wilhelm Faust, Der Streit des Erzbischof Günther II. mit der Stadt Magdeburg, 1429–1435, Halle 1900.
85 Vgl. Puhle, Politik der Stadt Braunschweig S. 244 f.
86 Vgl. ebd., S. 245.
87 UB Stadt MD, Bd. 2, Nr. 226, S. 131.
88 Vgl. Puhle, Politik der Stadt Braunschweig, S. 87.
89 Vgl. ebd., S. 88 f.
90 Gustav Schmoller: Die ältere Elbhandelspolitik, die Stapelrechte und -kämpfe von Magdeburg, Hamburg und Lüneburg, S. 23–50, Jahrbuch für Gesetzgebung, Verwaltung und Volkswirtschaft im Deutschen Reich, Jg. 8, Heft 4 (1884), S. 26 f.
91 UB Stadt MD 2, Nr. 395, S. 522 ff.
92 Ebd., Nr. 397, S. 525.
93 HR, Bd. II, Abt. 2, Nr. 300, S. 236.
94 UB Stadt MD, Bd. 2, Nr. 777, S. 732 f.
95 Vgl. Wolter, Geschichte, S. 70.
96 Puhle, Politik der Stadt Braunschweig, S. 245 f.
97 Vgl. F. W. Hoffmann, Geschichte der Stadt Magdeburg, neu bearb. v. G. Hertel und F. Hülße, 1. Bd., Magdeburg 1886, S. 262 ff.
98 Vgl. ebd., S. 264.
99 UB Stadt MD, Bd. 3, Nr. 1028, S. 603 ff.
100 Nach Wolter, Geschichte, S. 80 ff.
101 UB Stadt MD, Bd. 1, Nr. 8, S. 3 ff.
102 Ebd., Nr. 15 S. 9 f.

103 Vgl. Wolter, Geschichte, S. 83

104 Vgl. ebd.

105 Gudrun Wittek machte jüngst deutlich, dass der Vertrag von 1497 „von der historischen Forschung zuvor nie als Frieden erkannt und demzufolge auch nie als solcher untersucht und behandelt worden ist“, in: Frieden durch Eintracht. Der Magdeburger Stadtfrieden vom 21. Januar 1497 – Vorgeschichte – Beschreibung – Wirkung im historischen Vergleich, hg. v. Gudrun Wittek: Peprint Nr. 1, Magdeburg 2000, S. 3.

106 Vgl. Michael Scholz: Magdeburg, Halle und der Erzbischof – Überlegungen zur Verlegung der erzbischöflichen Residenz nach Halle, in: ebd., S. 45–52, S. 50 f.

107 Vgl. ebd., S. 49.

108 Vgl. ebd., S. 52.

Magdeburg – eine mittelalterliche Metropole in Europa

1 UB Erzstift MD, Bd. 1, Nr. 52, S. 73 f.

2 Ebd., Nr. 63, S. 91 f.

3 Vgl. Dietrich Claude, Adalbert, Erzbischof v. Magdeburg seit 968, in: Lexikon des Mittelalters, Bd. 1, München 1999, S. 99.

4 Vgl. Eberhard Kessel, Die Magdeburger Geschichtsschreibung im Mittelalter bis zum Ausgang des 12. Jahrhunderts, S. 104–184, in: Sachsen und Anhalt Bd. 7, 1931, S. 113.

5 Wolfgang Huschner, Civitas und sedes archiepiscopalis von Magdeburg im 10. Jahrhundert, S. 123–151, in: Sachsen und Anhalt. Jb. d. Hist. Komm. f. Sachs.-Anh., Bd. 24, 2002/2003, S. 130 f.

6 Vgl. Rolf Lieberwirth, Magdeburger Recht, S. 114–117, in: Hanse – Städte – Bünde, Bd. 1, S. 114.

7 Vgl. ebd.

8 Vgl. ebd., S. 116. Rechtsmitteilungen des Schöffenstuhls bezogen sich auf abstrakte, generelle Rechtsfragen, während Schöffensprüche Klärungen konkreter Rechtsfälle enthielten. Zum Schöffenstuhl siehe auch: Heiner Lück, Der Magdeburger Schöffenstuhl als Teil der Magdeburger Stadtverfassung, S. 138–151, in: Hanse – Städte – Bünde, Bd. 1.

9 Vgl. Friedrich Ebel, Magdeburger Recht, S. 42–55, in: Hanse – Städte – Bünde, S. 42.

10 Vgl. ebd., S. 43.

11 Lieberwirth, Magdeburger Recht, S. 116.

12 Vgl. Ernst Schubert, Der Magdeburger Dom. Ottonische Gründung und staufischer Neubau, S. 25–44, in: Der Magdeburger Dom. Ottonische Gründung und staufischer Neubau, hg. v. Ernst Ullmann, Leipzig 1989.

13 Vgl. Helga Möbius, Der Dom zu Magdeburg, Berlin o. J., S. 12.

14 Vgl. ebd., S. 28 ff., und Sigrid Hinz, Bildhauerkunst in Magdeburg, Magdeburg 1966/68, S. 13 ff.

15 Vgl. Ursula Mende, Schreiber-Mönch und reitende Superbia. Bronzeleuchter der Magdeburger Gußwerkstatt des 12. Jahrhunderts, S. 98–123, in: Erzbischof Wichmann (1152–1192) und Magdeburg.

16 Vgl. Jürgen Fitschen, Bildhauerkunst in Magdeburg zwischen 1150 und 1618, in: Magdeburg. Die Geschichte der Stadt zwischen 805 und 2005, hg. v. P. Petsch/M. Puhle, Magdeburg 2005.

17 Vgl. Philippe Dollinger, Die Hanse, Stuttgart [4]1989, S. 476 f.

18 Zitiert bei Paul Angerstein, Die Stellung von Magdeburg in der deutschen Hanse, phil. Diss. Halle 1923, S. 88.

19 Vgl. Ehbrecht, Magdeburg im Sächsischen Städtebund, S. 392.

20 Vgl. ebd., S. 414.

Quellen- und Literaturverzeichnis

Quellen

Annales Erphordenses, in: Monumenta Germaniae Historica, Scriptores, Tom. 16, hg. v. Georg Heinrich Pertz, Hannover 1859.

Annales Magdeburgenses, in: Monumenta Germaniae Historica, Scriptores, Tom. 16, hg. v. Georg Heinrich Pertz, Hannover 1859.

Annales Palidenses, in: Monumenta Germaniae Historica, Scriptores, Tom. 16, hg. v. Georg Heinrich Pertz, Hannover 1859.

Das Schichtbuch von Hermann Bote, gedruckt in: Die Chroniken der deutschen Städte vom 14. bis ins 16. Jahrhundert, Bd. 2: Braunschweig, bearb. v. Ludwig Hänselmann, Leipzig 1880.

Die Magdeburger Schöppenchronik, in: Die Chronik der deutschen Städte, Bd. 1, Magdeburg, hg. v. Karl Janicke, Leipzig 1869.

Hanse Rezesse (HR). Die Recesse und andere Akten der Hansetage, 1. Abteilung, Bde. 1–8: 1256–1430, bearb. v. Karl Koppmann, Leipzig 1870–1897; 2. Abteilung, Bde. 1–7: 1431–1476, bearb. v. Goswin Frhr. von der Ropp, Leipzig 1876–1892; 3. Abteilung, Bde. 1–9: 1477–1530, bearb. v. Dietrich Schäfer, ab Bd. 8 von Dietrich Schäfer/Friedrich Techen, Leipzig, München 1881–1913; 4. Abteilung, Bde. 1 und 2: 1531–1537, bearb. v. Gottfried Wentz/Klaus Friedland, Weimar 1941 und Köln/Wien 1970.

Hansisches Urkundenbuch, Bde. 1–3, bearb. v. Konstantin Höhlbaum, Halle 1876–1886; Bde. 4–6, bearb. v. Karl Kunze, Halle u. Leipzig 1896–1905; Bd. 7,1, bearb. v. Hans-Gerd v. Rungstedt, Weimar 1939; Bde. 8–11, bearb. v. Walther Stein, Leipzig 1899–1916.

Lebensbeschreibungen einiger Bischöfe des 10.–12. Jahrhunderts, übersetzt v. Hatto Kallfelz (= Freiherr vom Stein-Gedächtnisausgabe, Bd. 22), Darmstadt 1973.

Monumenta Germaniae Historica, Scriptores, Tom 14., hrsg. v. Georg Waitz, Hannover 1883.

Pomarius, Johannes: Der Magdeburgischen Stadt Chronicken, Magdeburg 1587.

Regesta Archiepiscopatus Magdeburgensis. Sammlung von Auszügen aus Urkunden und Analisten zur Geschichte des Erzstifts und Herzogthums Magdeburg, hg. v. Georg Adalbert v. Mülverstedt, 1. Teil, Magdeburg 1876.

Sartorius, G. F. /Lappenberg, J. M.: Urkundliche Geschichte des Ursprungs der deutschen Hanse, 2 Bde., Hamburg 1830.

Thietmar von Merseburg, Chronik, erläutert von Werner Trillmich (= Ausgewählte Quellen zur deutschen Geschichte des Mittelalters. Freiherr vom Stein-Gedächtnisausgabe, Bd. 9) , Darmstadt [8]2002.

Urkundenbuch des Erzstifts Magdeburg, 1 Bd., bearb. v. Friedrich Israel/Walter Möllenberg, Magdeburg 1937.

Urkundenbuch der Stadt Halberstadt, 2 Bde., bearb. v. Gustav Schmidt, Halle 1878/79.

Urkundenbuch Halle, 3 Bde., bearb. v. Arthur Bierbach/Hanns Gringmuth-Dallmer, Halle 1930–1957.

Urkundenbuch Lübeck, 11 Bde., hg. v. F. Asschenfeld u. a., Lübeck 1843–1932.

Urkundenbuch der Stadt Magdeburg, 3 Bde., bearb. v. Gustav Hertel, Halle 1892–1896.

Urkundenbuch der Stadt Quedlinburg, 2 Bde., bearb. v. Karl Janicke, Halle 1873–1882.

Widukinds Sachsengeschichte, neu bearb. v. Albert Bauer/Reinhold Rau (= Ausgewählte Quellen zur deutschen Geschichte des Mittelalters. Freiherr vom Stein-Gedächtnisausgabe, Bd. 8), Darmstadt [2]1977.

Literatur

Althoff, Gerd/Keller, Hagen: Heinrich I. und Otto der Große. Neubeginn auf karolingischem Erbe, 2 Bde., Göttingen/Zürich 1985.

Angerstein, Paul: Die Stellung von Magdeburg in der deutschen Hanse, phil. Diss. Halle 1923.

Bartmuß, Hans-Joachim: Die Gründung des Moritzklosters in Magdeburg 937, in: Magdeburger Blätter 1987, S. 4–14.

Bauermann, Johannes: Erzbischof Norbert von Magdeburg, in: Sachsen u. Anhalt, Bd. 11, 1935, S. 1–25.

Bergdolt, Klaus: Der Schwarze Tod in Europa. Die Große Pest und das Ende des Mittelalters, München 1994.

Beumann, Helmut: Widukind von Korvei, Untersuchungen zur Geschichtsschreibung und Ideengeschichte des 10. Jahrhunderts, Weimar 1950.

Ders.: Das Kaisertum Ottos d. Großen. Ein Rückblick nach tausend Jahren, in: HZ, 195, 1962, S. 529–573.

Ders.: Die Ottonen, Stuttgart/Berlin/Köln ^{2}1991.

Beyerle, Franz: Zur Typenfrage in der Stadtverfassung, in: ZRG Germ. Abt., 50/1930.

Böttcher, Gert: Die topographische Entwicklung von Magdeburg bis zum 12./13. Jahrhundert, in: Erzbischof Wichmann (1152–1192) und Magdeburg im Hohen Mittelalter. Stadt – Erzbistum – Reich, Katalog zur Ausstellung, hg. v. Matthias Puhle, Magdeburg 1992, S. 80–97.

Bogumil, Karlotto: Das Bistum Halberstadt im 12. Jahrhundert. Studien zur Reichs- und Reformpolitik des Bischofs Reinhard und zum Wirken der Augustiner-Chorherren, Köln/Wien 1972.

Büttner, Heinrich: Zur Burgenbauordnung Heinrichs I., in: Blätter f. dt. Landesgeschichte, 92/1956, , S. 1–17.

Claude, Dietrich: Geschichte des Erzbistums Magdeburg bis in das 12. Jahrhundert, 2 Bde., Köln/Wien 1972/75.

Ders.: Adalbert, Erzbischof v. Magdeburg seit 968, in: Lexikon des Mittelalters, Bd. 1, München 1999.

Czok, Karl: Zunftkämpfe, Zunftrevolutionen oder Bürgerkämpfe, in: Wissenschaftliche Zeitschrift der Karl-Marx-Universität Leipzig, Gesellschafts- und Sprachwissenschaftliche Reihe, 8. Jg. 1958/59, Heft 1, S. 129–143.

Ders.: Zum Braunschweiger Aufstand 1374–1386, in: Hansische Studien, Berlin 1961, S. 34–55.

Dollinger, Philippe: Die Hanse, Stuttgart [4]1989.

Ebel, Friedrich: Magdeburger Recht, in: Erzbischof Wichmann (1152–1192) und Magdeburg im Hohen Mittelalter. Stadt – Erzbistum – Reich, Katalog zur Ausstellung, hg. v. Matthias Puhle, Magdeburg 1992, S. 42–55.

Ehbrecht, Wilfried: Hanse und mittelalterliche Bürgerkämpfe in Niedersachsen und Westfalen, in: Nieders. Jb., Bd. 48, 1976, S. 77–105.

Ders.: Magdeburg im Sächsischen Städtebund. Zur Erforschung städtischer Politik in Teilräumen der Hanse, in: Festschrift für Berent Schwineköper, hg. v. Helmut Maurer und Hans Patze, Sigmaringen 1982, S. 391–414.

Ders.: Die Braunschweiger „Schichten“. Zu Stadtkonflikten im Hanseraum, in: Brunswick 1031 – Braunschweig 1981, Folgeband, hg. v. Gerd Spies, Braunschweig 1982.

Ders.: Stadtkonflikte um 1300. Überlegungen zu einer Typologie, in: Schicht – Protest – Revolution in Braunschweig 1292 bis 1947/48, hg. v. Birgit Pollmann, Braunschweig 1995, S. 11–26.

Ders.: Stadtkonflikte im östlichen Altsachsen, in: Politische, soziale und kulturelle Konflikte in der Geschichte von Sachsen-Anhalt (= Studien zur Landesgeschichte Bd. 1, hg. v. W. Freitag, K. E. Pollmann, M. Puhle), Halle 1999, S. 25–56.

Ehlers, Joachim: Die Entstehung des Deutschen Reiches (= Enzyklopädie Deutscher Geschichte, Bd. 31), München 1994.

Engel, Evamaria: Die deutsche Stadt des Mittelalters, München 1993.

Ennen, Edith: Erzbischof und Stadtgemeinde in Köln bis zur Schlacht von Worringen (1288), in: Bischofs- und Kathedralstädte des Mittelalters und der frühen Neuzeit, hg. von Franz Petri, Städteforschung, hg. von Heinz Stoob, Köln/Wien 1976.

Eschebach, Erich: Die Beziehungen der niedersächsischen Städte (zwischen Magdeburg, Hildesheim und Erfurt) zur Deutschen Hanse bis 1477 und 1478, Halle 1901.

Faust, Wilhelm: Der Streit des Erzbischof Günther II. mit der Stadt Magdeburg, 1429–1435, Halle 1900.

Fleckenstein, Josef: Die Hofkapelle der deutschen Könige, II. Teil: Die Hofkapelle im Rahmen der ottonisch-salischen Reichskirche, Stuttgart 1966.

Fitschen, Jürgen: Bildhauerkunst in Magdeburg zwischen 1150 und 1618, in: Magdeburg. Die Geschichte der Stadt zwischen 805 und 2005, hg. v. P. Petsch/ M. Puhle, Magdeburg 2005.

Geschichte der Stadt Magdeburg, hg. v. der Stadt Magdeburg, Berlin [2]1977.

Giese, Wolfgang: Der Stamm der Sachsen und das Reich in ottonischer und salischer Zeit, Wiesbaden 1979.

Gudrun Gleba: Die Gemeinde als alternatives Ordnungsmodell. Zur sozialen und politischen Differenzierung des Gemeindebegriffs in den innerstädtischen Auseinandersetzungen des 14. und 15. Jahrhunderts. Mainz, Magdeburg, München, Lübeck, Köln/Wien 1989.

Theodor Goerlitz: Die Anfänge der Schöffen, Bürgermeister und Ratmannen in Magdeburg, in: ZRG Germ. Abt., 65/1947, S. 70–85.

Grauwen, Wilfried Marcel: Norbert, Erzbischof von Magdeburg (1126–1134), Duisburg ²1986.

Hagedorn, Anton: Verfassungsgeschichte der Stadt Magdeburg bis zum Ausgang des 13. Jahrhunderts. Ein Beitrag zur Geschichte des deutschen Städtewesens, in: Geschichtsblätter f. Stadt u. Land Magdeburg, 17 Jg. 1882, 2. Kap.: S. 1–33, u. 3. Kap.: S. 292–329.

Hagedorn, Renate/Puhle, Matthias: Kloster Unser Lieben Frauen Magdeburg, Stift, Pädagogium, Museum, Oschersleben 1995.

Hasse, Claus-Peter: Die Stadt Magdeburg von den Anfängen eines städtischen Rates um 1240 bis zur Ermordung Erzbischof Burchards von Schraplau 1325, in: Die Geschichte der Stadt Magdeburg von 805 bis zur Gegenwart, hg. v. Peter Petsch/Matthias Puhle, Magdeburg 2005.

Hertel , Gustav: Norberts Wahl zum Erzbischof von Magdeburg 1126, in: Geschichtsblätter f. Stadt u. Land Magdeburg, 10 Jg., 1875, S. 391–404.

Ders.: Die Ermordung Erzbischof Burchard III. von Magdeburg, in: Geschichtsblätter f. Stadt u. Land Magdeburg, 22. Jg., 1887, S. 53–72.

Herzog, Erich: Die ottonische Stadt. Die Anfänge der mittelalterlichen Stadtbaukunst in Deutschland, Berlin 1964.

Hinz, Sigrid: Bildhauerkunst in Magdeburg, Magdeburg 1966/68.

Hoffmann, F. W.: Geschichte der Stadt Magdeburg, neu bearb. v. G. Hertel/ Fr. Hülße, Bd. 1, Magdeburg 1886.

Hofmeister, Adolf: Die heilige Lanze – ein Abzeichen des alten Reichs (= Untersuchungen zur Deutschen Staats- und Rechtsgeschichte, 96. Heft), Breslau 1908.

Holtzmann, Robert: Die Chronik des Thietmar von Merseburg (= Geschichte d. deutschen Vorzeit, 39), Leipzig 1939.

Hoppe, Willy: Erzbischof Wichmann von Magdeburg, in: Geschichtsblätter f. Stadt u. Land Magdeburg, 43. Jg., 1908, S. 134–294.

Horstkötter, Ludger: Norbert von Xanten († 1134), erst Ordensmann, dann Erzbischof von Magdeburg, in: Hagedorn, Renate/Puhle, Matthias: Kloster Unser Lieben Frauen Magdeburg, Stift, Pädagogium, Museum, Oschersleben 1995, , S. 43–50.

Huschner, Wolfgang: Civitas und sedes archiepiscopalis von Magdeburg im 10. Jahrhundert, in: Sachsen und Anhalt. Jahrbuch der Historischen Kommission für Sachsen-Anhalt, Bd. 24, 2002/2004, S. 123–151.

Ilgenstein, Ernst: Handels- und Gewerbegeschichte der Stadt Magdeburg im Mittelalter bis zum Beginn der Zunftherrschaft (1330), in: Geschichtsblätter f. Stadt u. Land Magdeburg, 43. Jg., 1908, , S. 1–77.

Jäschke, K.-U.: Königskanzlei und imperiales Königtum im 10. Jahrhundert, Historisches Jb. 84, 1964.

Jammer, Vera: Die Anfänge der Münzprägung im Herzogtum Sachsen, Hamburg 1952.

Janicke, Karl: Der Streit des Magdeburger Rathes mit den Erzbischöfen um die Herrenpforte und die Thürme in südlichen Stadtteile, in: Geschichtsblätter f. Stadt u. Land Magdeburg, 3. Jg., 1868, S. 68–84.

Jankuhn, Herbert: „Heinrichsburgen" und Königspfalzen (= Veröffentlichungen des Max-Planck-Instituts für Geschichte 11, 2), 1965.

Junghans, Kurt: Die Deutsche Stadt im Frühfeudalismus, Berlin 1959.

Kessel, Eberhard: Die Magdeburger Geschichtsschreibung im Mittelalter bis zum Ausgang des 12. Jahrhunderts, in: Sachsen und Anhalt, Bd. 7, 1931, S. 104–184.

Kleist, Ulrich: Die sächsischen Städtebünde zwischen Weser und Elbe im 13. und 14. Jahrhundert, in: Z Harz V 25, 1892, S. 1–101.

Köbler, Gerhard: Zur Entstehung des mittelalterlichen Stadtrechtes, in: ZRG Germ. Abt., 86/1969, S. 177–198

Kuhn, Rainer: Ein außerordentliches Grab des 10. Jahrhunderts n. Chr. vom Magdeburger Domplatz (= Jahresschrift Mitteldeutsche Vorgeschichte 86), 2003.

Kuhn Rainer u. a.: „Wenn der Stein ins Rollen kommt …", in: Archäologie in Deutschland. Das Magazin, 6/2003.

Kuhn R./Kunz, B./Weber, T.: Magdeburg im 10. Jahrhundert: Neue Ergebnisse der Archäologie, in: Henning, Joachim (Hg.): Europa im 10. Jahrhundert. Archäologie einer Aufbruchzeit, Mainz 2002.

Kunz, Brigitta: Archäologische Ausgrabungen am Magdeburger Domplatz im Bereich des Breiten Weges 5–7, in: Archäologie in Sachsen-Anhalt[1], 2002

Lieberwirth, Rolf: Das Privileg des Erzbischofs Wichmann und das Magdeburger Recht (= Sitzungsberichte der Sächsischen Akademie der Wissenschaften zu Leipzig, Philologisch-historische Klasse 130, Heft 3), Berlin 1990.

Ders.: Magdeburger Recht, in: Hanse – Städte – Bünde. Die sächsischen Städte zwischen Elbe und Weser um 1500, Katalog zur Ausstellung, Bd. 1, hg. v. Matthias Puhle, Magdeburg 1996, S. 114–117.

Liesegang, Erich: Zur Verfassungsgeschichte von Magdeburg und Salzwedel, in: Forschungen zur Brandenburgischen und Preußischen Geschichte, Bd. 3, 1890, S. 1–69.

Loesch, Heinrich von: Die Grundlagen der ältesten Kölner Gemeindeverfassung, in: ZRG Germ. Abt., 53/1933, S. 89–207

Ludowici, Babette: Die Pfalz Ottos des Großen in Magdeburg, in: Puhle, Matthias Puhle (Hg.): Otto der Große, Magdeburg und Europa, 2 Bde., Mainz 2001, Bd. 1: S. 391–402.

Dies.: Ein neu entdeckter mittelalterlicher Kirchenbau in Magdeburg? Zweiter Bericht zum Stand der Auswertung der Grabungen von 1959–1968 auf dem Magdeburger Domplatz, in: Archäologisches Korrespondenzblatt 32, 2002.

Lück, Heiner: Der Magdeburger Schöffenstuhl als Teil der Magdeburger Stadtverfassung, in: Hanse – Städte – Bünde. Die sächsischen Städte zwischen Elbe und Weser um 1500, Katalog zur Ausstellung, Bd. 1, hg. v. Matthias Puhle, Magdeburg 1996, S. 138–151.

Meckseper, Cord: Das Palatium Ottos des Großen in Magdeburg, S. 101–115, in: Burgen und Schlösser, 27. Jg., Heft 1986/II.

Mende, Ursula: Schreiber-Mönch und reitende Superbia. Bronzeleuchter der Magdeburger Gußwerkstatt des 12. Jahrhunderts, in: Erzbischof Wichmann (1152–1192) und Magdeburg im Hohen Mittelalter. Stadt – Erzbistum – Reich, Katalog zur Ausstellung, hg. v. Matthias Puhle, Magdeburg 1992, S. 98–123.

Menke, Johannes Bernhard: Geschichtsschreibung und Politik in deutschen Städten des Spätmittelalters (Die Entstehung deutscher Geschichtsprosa in Köln, Braunschweig, Lübeck, Mainz und Magdeburg), Sonderdruck aus dem 33. und dem 34./35. Jahrbuch des Kölnischen Geschichtsvereins (1958 bzw. 1959/60), Köln.

Metz, Wolfgang: Marktrechtfamilie und Kaufmannsfriede in ottonisch-salischer Zeit, in: Blätter f. dt. Landesgeschichte, 108/1972.

Militzer, Klaus/Przybilla, Peter: Stadtentstehung, Bürgertum und Rat. Halberstadt und Quedlinburg bis zur Mitte des 14. Jahrhunderts, Göttingen 1980.

Modde, Maximilian: Unser Lieben Frauen Kloster in Magdeburg, Magdeburg 1911.

Möbius, Helga: Der Dom zu Magdeburg, Berlin 1961.

Möllenberg, Walter: Eike von Repgow und seine Zeit. Recht, Geist und Kultur des deutschen Mittelalters, Burg 1937.

Mörke, Olaf: Der „Konflikt“ als Kategorie städtischer Sozialgeschichte des 16. Jahrhunderts, in: Beiträge zum spätmittelalterlichen Städtewesen, hg. v. Bernhard Diestelkamp, Köln/Wien 1982, S. 144–161.

Mrusek, Hans-Joachim: Zur städtebaulichen Entwicklung Magdeburgs im hohen Mittelalter, Magdeburger Schriftensammlung, Magdeburg 1958.

Müller-Mertens, Eckhard: Das Zeitalter der Ottonen, Berlin 1955.

Ders.: Die Reichsstruktur im Spiegel der Herrschaftspraxis Ottos des Großen, Berlin 1980.

Nickel, Ernst: Die Erforschung Magdeburgs als Beispiel des Zusammenwirkens von Archäologie und der nur auf schriftlicher Überlieferung beruhenden Geschichtsforschung, in: Probleme des frühen Mittelalters in archäologischer und historischer Sicht, hg. v. Heinz A. Knorr, Berlin 1966, S. 75–83.

Ders.: Magdeburg in karolingisch-ottonischer Zeit, in: Zeitschrift für Archäologie, 7/1973, S. 102–142.

Opll, Ferdinand: Stadt und Reich im 12. Jahrhundert (1125–1190), Wien/Köln/Graz 1986.

Pirenne, Henri: Sozial- und Wirtschaftsgeschichte Europas im Mittelalter, München [4]1976.

Planitz, Hans: Die deutsche Stadtgemeinde. Forschungen zur Stadtverfassungsgeschichte 3, in: ZRG Germ. Abt., 64/1944, S. 1–85

Ders.: Die deutsche Stadt im Mittelalter. Von der Römerzeit bis zu den Zunftkämpfen, Neudruck der 5. Aufl., Wiesbaden 1995.

Puhle, Matthias: Die Politik der Stadt Braunschweig innerhalb des Sächsischen Städtebundes und der Hanse im späten Mittelalter, Braunschweig 1985

Ders.: Zur Münzpolitik Erzbischof Wichmanns, in: Erzbischof Wichmann (1152–1192) und Magdeburg im Hohen Mittelalter. Stadt – Erzbistum – Reich, Katalog zur Ausstellung, hg. v. Matthias Puhle, Magdeburg 1992, S. 74–80.

Ders.: Magdeburg im frühen Mittelalter. Vom karolingischen Königshof zur ottonischen Kaiserstadt (= Magdeburger Museumshefte Nr. 4), Magdeburg 1995

Ders.: Geschichte Magdeburgs von 1330 bis zum Ende des 15. Jahrhunderts, in: Die Geschichte der Stadt Magdeburg von 805 bis zur Gegenwart, hg. v. Peter Petsch/Matthias Puhle, Magdeburg 2005.

Reimann, Hans Leo: Unruhe und Aufstand im mittelalterlichen Braunschweig, Braunschweig 1962.

Reynolds, Susan: Kingdoms and Communities in Western Europe 900–1300, Oxford/New York/Toronto 1984.

Rietschel, Siegfried: Markt und Stadt in ihrem rechtlichen Verhältnis. Ein Beitrag zur Geschichte der deutschen Stadtverfassung, Leipzig 1897.

Rotz, Rhiman Alfred: Urban uprisings in fourteenth-century Germany: a comparative study of Brunswick (1374–1380) and Hamburg (1376), phil. Diss. Princeton 1970.

Salewsky, Dietmar: Norbert von Xanten/Magdeburg – eine vielschichtige Persönlichkeit des Mittelalters, in: Prémontré des Ostens. Das Kloster Unser Lieben Frauen Magdeburg vom 11. bis 17. Jahrhundert, hg. v. Renate Hagedorn/Matthias Puhle, Oschersleben 1996, S. 29–42.

Scheper, Burchard: Frühe bürgerliche Institutionen norddeutscher Hansestädte. Beiträge zu einer vergleichenden Verfassungsgeschichte Lübecks, Bremens, Lüneburgs und Hamburgs im Mittelalter (= Quellen und Darstellungen zur hansischen Geschichte, Neue Folgen, Bd. 20), Köln/Wien 1975.

Schlesinger, Walter: Zur Geschichte der Magdeburger Königspfalz, in: Beiträge zur Geschichte des Erzbistums Magdeburg, Bd. 11, hg. v. Franz Schrader, Leipzig 1968, S. 9–43.

Schmidt, H.: Erzbischof Albrecht II. von Magdeburg, in: Geschichtsblätter f. Stadt u. Land Magdeburg, 16. Jg., 1881, S. 105–156.

Schmidt, Karl: Die Thronfolge Ottos des Großen, in: ZRG Germ. Abt., 81/1964, S. 80–163.

Schmoller, Gustav: Die ältere Elbhandelspolitik, die Stapelrechte und -kämpfe von Magdeburg, Hamburg und Lüneburg, in: Jahrbuch für Gesetzgebung, Verwaltung und Volkswirtschaft im Deutschen Reich, Jg. 8, Heft 4 (1884), S. 23–50.

Schneidmüller, Bernd: Die Gründung des Erzbistums Magdeburg, in: Magdeburg 1200, hg. v. Matthias Puhle, Stuttgart 2005, S. 52.

Scholz, Michael: Magdeburg, Halle und der Erzbischof – Überlegungen zur Verlegung der erzbischöflichen Residenz nach Halle, in: Frieden durch Eintracht. Der Magdeburger Stadtfrieden vom 21. Januar 1497 – Vorgeschichte – Beschreibung – Wirkung im historischen Vergleich, hg. v. Gudrun Wittek: Peprint Nr. 1, Magdeburg 2000, S. 45–52.

Schubert, Ernst: Der Magdeburger Dom. Ottonische Gründung und staufischer Neubau, in: Der Magdeburger Dom. Ottonische Gründung und staufischer Neubau, hg. v. Ernst Ullmann, Leipzig 1989, S. 25–44.

Schulz, Knut: „Denn sie lieben die Freiheit so sehr …“ Kommunale Aufstände und Entstehung des europäischen Bürgertums im Hochmittelalter, Darmstadt 1992.

Schranil, Rudolf: Stadtverfassung nach Magdeburger Recht. Magdeburg und Halle, Breslau 1915.

Schwineköper, Berent: Die Anfänge Magdeburgs, in: Studien zu den Anfängen des europäischen Städtewesens (= Vorträge und Forschungen 4, hg. v. Th. Mayer), Lindau/Konstanz 1958, S. 389–490.

Ders.: Königtum und Städte bis zum Ende des Investiturstreits. Die Politik der Ottonen und Salier gegenüber den werdenden Städten im östlichen Sachsen und in Nordthüringen (= Vorträge und Forschungen, Sonderband 11), Sigmaringen 1977.

Ders.: Norbert von Xanten als Erzbischof von Magdeburg, in: Norbert von Xanten. Adliger, Ordenstifter, Kirchenfürst, hg. v. Kaspar Elm, Köln 1984, S. 189–209.

Springer, Matthias: Erzbischof Wichmann von Magdeburg – ein geistlicher Fürst der Stauferzeit, in: Erzbischof Wichmann (1152–1192) und Magdeburg im Hohen Mittelalter. Stadt – Erzbistum – Reich, Katalog zur Ausstellung, hg. v. Matthias Puhle, Magdeburg 1992, S. 2–19.

Ders.: Städte im Krieg. Der Kampf Magdeburgs und seiner Verbündeten gegen den Erzbischof Günther in den Jahren 1431 bis 1435, in: Hanse – Städte – Bünde. Die sächsischen Städte zwischen Elbe und Weser um 1500, Katalog zur Ausstellung, Magdeburg 1996, S. 191–199.

Ders.: Magdeburg im Mittelalter, in: Magdeburg. Portrait einer Stadt, Halle 2000, S. 73–103.

Stein, Walter: Über die ältesten Privilegien der deutschen Hanse in Flandern und die ältere Handelspolitik Lübecks, in: Hansische Geschichtsblätter, 30/1902, S. 51–133.

Suhle, Arthur: Das Münzwesen Magdeburgs unter Erzbischof Wichmann 1152–1192, Magdeburg 1950.

Uitz, Erika: Der Kampf um kommunale Autonomie in Magdeburg bis zur Stadtverfassung von 1330, in: Stadt und Städtebürgertum in der deutschen Geschichte des 13. Jahrhunderts, hg. v. Bernhard Töpfer, Berlin 1976, S. 288–323.

Vasold, Manfred: Die Pest. Ende eines Mythos, Stuttgart 2003.

Weinfurter, Stefan: Norbert von Xanten – Ordensstifter und „Eigenkirchenherr", in: Archiv für Kulturgeschichte, 59. Bd., 1977, S. 66–98.

Wittek, Gudrun: Ein Mord als folgenschwere Störung des Stadtfriedens. Das gewaltsame Ende des Magdeburger Erzbischofs Burchard III. im Jahr 1325, in: Sachsen und Anhalt. Jahrbuch der Historischen Kommission für Sachsen-Anhalt, Bd. 20, 1997, S. 365–403.

Dies. (Hg.): Frieden durch Eintracht. Der Magdeburger Stadtfrieden vom 21. Januar 1497 – Vorgeschichte – Beschreibung – Wirkung im historischen Vergleich, Peprint Nr. 1, Magdeburg 2000.

Wolter, Ferdinand Albert: Die staatsrechtliche Stellung Magdeburgs und die öffentlich-rechtlichen Beziehungen zwischen der Altstadt, dem Neuen Markt und den Vorstädten, vom geschichtlichen Beginne der Stadt bis zu ihrem Übergang an das Haus Hohenzollern, Halle 1893.

Ders.: Geschichte der Stadt Magdeburg von ihrem Ursprung bis auf die Gegenwart, Magdeburg 1901.

Abbildungsnachweis

S. 9: Diedenhofener Kapitular Karls des Großen. Pergament, 63 Blätter, Wolfenbüttel, Herzog August Bibliothek, Cod. Guef 50.2 Aug. 4°, fol. 55v. (Foto: Herzog August Bibliothek Wolfenbüttel).

S. 11: Diplom König Ottos I. für das Mauritiuskloster Magdeburg, 21. September 937. Pergament, H. 51 cm, B. 60 cm, Magdeburg, Landeshauptarchiv Sachsen-Anhalt, Abteilung Magdeburg (im Folgenden LHASA, MD), Rep. U1, I Nr. 1 (Foto: Hans-Wulf Kunze, Magdeburg).

S. 14: Rekognitionszeichen des Notars Liudolf auf einer Urkunde. Architekturskizze als Hinweis auf die Magdeburger Pfalz auf dem Diplom König Ottos I. für das Kloster St. Michael in Lüneburg, 13. August 956. DO I 183, Hannover, Niedersächsisches Staatsarchiv, Celle Or 100, Lüneburg St. Michael Nr. 2 (Foto: Niedersächsisches Hauptstaatsarchiv Hannover).

S. 15: Heilige Lanze. Wien, Weltliche Schatzkammer (Foto: Wien, Weltliche Schatzkammer).

S. 16: Hl. Mauritius im Hohen Chor des Magdeburger Doms, Mitte 13. Jh. (Foto: Hans-Wulf Kunze, Magdeburg).

S. 23: Sachsenpfennig, schriftlos, Magdeburg ab 936. Silber, Ø 23 mm. Sachsenpfennig mit Namenszug OTTO, Magdeburg ab ca. 936. Silber, Ø 22 mm. Berlin, SMB-PK, Münzkabinett (Foto: Reinhard Saczewski).

S. 24: Diplom Kaiser Ottos I. für das Mauritiuskloster Magdeburg, 9. Juli 965. Pergament, durchgedrücktes Wachssiegel, zuerst von rechts und links, dann von oben und unten gefaltet, H. 52,5 cm, B. 57,5 cm. Magdeburg, LHASA, MD, Rep. U1, I Nr. 21 (Foto: Hans-Wulf Kunze, Magdeburg).

S. 26: Chronik Thietmars von Merseburg. Chronikon II, C. 21. Dresden, Sächsische Landesbibliothek, Msc. Dresd. R 147, Bogen 1 a, b (Foto: Hans-Wulf Kunze, Magdeburg).

S. 34: Siegel Kaiser Ottos II., so genanntes 1. Kaisersiegel. Bestätigung der Privilegien Ottos I. für die erzbischöfliche Kirche zu Magdeburg am 3. Oktober 968. LHASA, MD, Rep. U1, I Nr. 28 (Foto: Hans-Wulf Kunze, Magdeburg).

S. 45: Gedächtnisplatte für den Hl. Norbert (von Xanten) um 1582, Marmor. Kloster Unser Lieben Frauen Magdeburg (Foto: Hans-Wulf Kunze, Magdeburg).

S. 53: Norbert-Grablege im Kloster Unser Lieben Frauen Magdeburg, 1134 (Foto: Hans-Wulf Kunze, Magdeburg).

S. 55: Stadtrechtsbesserung von 1188 (Foto: Kulturhistorisches Museum Magdeburg).

S. 60: Münzen aus der Zeit Wichmanns. Brakteaten Erzbischofs Wichmann von Magdeburg 1152–1192, Münzstätte Magdeburg: Bischofspfennig, Silber, Ø 3,14 cm; Burgbrakteat, Silber, Ø 2,42 cm; Moritzpfennig, Silber, Ø 2,88 cm. Magdeburg, Kulturhistorisches Museum (Foto: Reinhard Hentze, Halle).

S. 65: Grabplatte Erzbischofs Wichmann im Dom, Bronze. Magdeburg, Dom (Foto: Kulturhistorisches Museum Magdeburg).

S. 68: Ältestes Siegel der Stadt Magdeburg von ca. 1240, Ausprägung von 1483 an einem Rentenbrief des Rates von Pritzwalk, Siegel: Ø 8 cm. Magdeburg, kulturhistorisches Museum (Foto: Jutta Rödling)

S. 73: Magdeburger Reiter, Sandstein um 1240. Magdeburg, Kulturhistorisches Museum (Foto: Hans-Wulf Kunze, Magdeburg).

S. 80: Wappenstein vom Magdeburger Schöffenstuhl, 1590, Sandstein, 70 x 68 x 13 cm. Magdeburg, Kulturhistorisches Museum (Foto: Reinhard Hentze, Halle).

S. 90: Magdeburger Schöppenchronik (Foto: Staatsbibliothek zu Berlin, Preußischer Kulturbesitz).

S. 101: Elisabethaltar in der Marienkapelle des Magdeburger Doms (Sühnealtar für den ermordeten Erzbischof Burchard III.), um 1340. Magdeburg, Dom (Foto: Hans-Wulf Kunze, Magdeburg).

S. 116: Vergleich zwischen Erzbischof Ernst von Magdeburg und der Stadt Magdeburg vom 21. Januar 1497. Pergament, 4 Doppelblätter, 3 anhängende Wachssiegel. LHASA, MD, Rep. U1, XXII Nr. 100 (Foto: Landeshauptarchiv Sachsen-Anhalt).

S. 119: Gemauertes Grab vom Domplatz, 10. Jh. Kaiser-Otto-Saal, Magdeburg, Kulturhistorisches Museum (Foto: Hans-Wulf Kunze, Magdeburg).

S. 120: Magdeburger Domplatz, Stadtkerngrabung 1959–1968 von Ernst Nickel, Institut für Vor- und Frühgeschichte der Deutschen Akademie der Wissenschaften zu Berlin, Teile der freigelegten Gräben und Fundamente (Foto: Kulturhistorisches Museum Magdeburg).

S. 123: Magdeburger Schöffensprüche, 15 Jh., 70 Bl., 31 x 23 cm. Magdeburg, Kulturhistorisches Museum, Dauerleihgabe der Nord/LB Norddeutsche Landesbank (Foto: Hans-Wulf Kunze, Magdeburg).

S. 125: Löwenaquamanile, 2. Hälfte 12. Jh./Anfang 13. Jh., Bronze. Magdeburg, Kulturhistorisches Museum (Foto: Ulrich Arendt, Magdeburg).

S. 126: Bronzetür, 1152/54. Nowgorod, Sophienkathedrale (Foto: Kulturhistorisches Museum Magdeburg).

S. 127: Gotisches Tor, Möllenvogtei (Foto: Hans-Wulf Kunze, Magdeburg).

S. 128: Ansicht des Domes von Osten mit Kapellenkranz, Bischofsgang und Hohem Chor, Baubeginn ab 1209 (Foto: Gregor Peda, 94034 Passau).

Umschlag vorn: Stadtansicht von Magdeburg mit Kaiser Otto I. im Vordergrund und dem Hl. Mauritius über dem Stadttor. Kolorierter Holzschnitt, Sachsenchronik 1492. Stadtbibliothek Braunschweig (Foto: Stadtbibliothek Braunschweig).

Umschlag hinten: „Meydeborch", Stadtansicht von Magdeburg, Holzschnitt, Sachsenchronik 1492. Kulturhistorisches Museum Magdeburg (Foto: Kulturhistorisches Museum Magdeburg).

Register

Personenregister

Ortsregister